AF245770

UNE

CAMPAGNE DE TURENNE

(1654)

PAR

le Commandant PALAT

DU 54ᵉ RÉGIMENT D'INFANTERIE

Extrait du **Journal des Sciences militaires**

(Année 1896)

PARIS

LIBRAIRIE MILITAIRE DE L. BAUDOIN

IMPRIMEUR-ÉDITEUR

30, Rue et Passage Dauphine, 30

1897

Tous droits réservés.

UNE

CAMPAGNE DE TURENNE

(1654)

Lh 1

2108

PARIS. — IMPRIMERIE L. BAUDOIN, 2, RUE CHRISTINE.

UNE

CAMPAGNE DE TURENNE

(1654)

PAR

le Commandant PALAT

DU 54ᵉ RÉGIMENT D'INFANTERIE

Extrait du **Journal des Sciences militaires**

(Année 1896)

BIBLIOTHÈQUE

DÉPÔT LÉGAL
Seine
N° 308
1897

PARIS

LIBRAIRIE MILITAIRE DE L. BAUDOIN

IMPRIMEUR-ÉDITEUR

30, Rue et Passage Dauphine, 30

—

1897

Tous droits réservés.

UNE CAMPAGNE DE TURENNE

(1654)

CHAPITRE PREMIER.

INTRODUCTION.

Situation générale avant le début de la campagne. — Aperçu
du théâtre des opérations.

Au début de l'année 1654, la France est en guerre avec l'Espagne. Celle-ci, déjà en décadence, étend encore sa domination, au dehors de la péninsule hispanique, sur les Flandres, le Pays Wallon, le Luxembourg, la Franche-Comté, une grande partie de l'Italie et des deux Amériques. La maison d'Autriche et, avec elle, le Saint-Empire germanique sont, sinon ses alliés directs, du moins tout disposés à la soutenir de leur influence ou même de leurs armes. L'Angleterre, que dirige alors la rude main de Cromwell, est encore indécise : elle attend les premiers événements décisifs pour s'allier en conséquence [1].

Le roi d'Espagne, Philippe IV, a trouvé un allié dans la maison de France même : le prince de Condé, le vainqueur de Rocroy

---

[1] Cromwell, en 1654, n'attendait que la prise d'Arras pour s'allier à l'Espagne (CHÉRUEL, *Histoire de France sous le cardinal de Mazarin*). En avril 1654, il envoyait 800 hommes à Condé (voir une lettre de Condé à M. de Fiesque, 17 avril 1654, Archives de Condé, reproduites par M. le duc D'AUMALE, *Histoire des princes de Condé*, tome VI, page 617.

Dès le mois de mars 1652, Condé avait accrédité auprès du Parlement de la République d'Angleterre Henri de Taillefer, sieur de Barrière. Pendant plusieurs années ce personnage se maintint à Londres, épuisant toutes les ressources de son esprit à se procurer de l'argent et des hommes pour Condé. Les revers de celui-ci firent baisser son crédit. A la nouvelle de la défaite d'Arras, il fut mis en prison sur la requête d'un marchand de Londres. Il finit par quitter l'Angleterre en août 1656 (DUC D'AUMALE, *op. cit.*, t. VI, p. 360.)

et de Lens, porte l'écharpe rouge des Espagnols et leur donne le concours de ses talents militaires, alors dans leur plein développement ; une grande partie de la noblesse de France l'a suivi sous les couleurs du roi d'Espagne.

En face de tant d'ennemis, le royaume est déchiré par les partis ; les troubles de la Fronde sont à peine clos. Sous le nom de la régente, Anne d'Autriche, règne un homme à grands talents, détesté presque universellement pour ses qualités autant que pour ses défauts, le cardinal Mazarin. Louis XIV n'a que seize ans et sa forte volonté n'a pas encore imposé silence aux menées, aux velléités d'opposition de la noblesse et des parlements[1].

La campagne de 1653 s'est passée à une série de sièges et de manœuvres sans grands résultats. Les armées du roi ont enlevé aux alliés quelques petites places : Mouzon, Sainte-Menehould, etc.; les Espagnols ont pris Rocroy, mais aucun avantage décisif n'a été remporté de part et d'autre. C'est une guerre de coups de main, de maraude et d'embuscades, plutôt qu'une grande lutte entre deux des plus puissants monarques de la chrétienté.

A l'automne, les troupes de Louis XIV ont pris leurs quartiers d'hiver en Champagne et sur la Somme. Les Espagnols et leurs alliés se sont cantonnés dans les Flandres ou le Pays Wallon[2].

Les opérations de l'année 1654 vont se dérouler sur une zone de forme irrégulière, limitée vers l'ouest par la ligne de faîte des collines de l'Artois, puis par la mer du nord ; au sud, par la vallée de la Somme, les plateaux du Laonnais et l'Aisne ; à l'est, par la Meuse ; au nord, par une ligne brisée passant entre Lille et Ypres, Tournay, Mons et Ath, pour aller se relier à la Meuse vers Namur.

Toutefois, il s'en faut de beaucoup que les principales opéra-

---

[1] La séance historique pendant laquelle le jeune roi se présenta au Parlement de Paris, en bottes et le fouet de chasse à la main, pour faire enregistrer ses édits, est d'avril 1654.

[2] L'établissement des quartiers d'hiver donna lieu à de nombreuses difficultés entre Condé et le comte de Fuensaldaña, le conseiller espagnol de l'archiduc. (Voir les lettres de Lenet, de Condé et du duc de Lorraine, du 24 novembre 1653 au 25 avril 1654, citées par le duc D'AUMALE, *op. cit.*, t. VI, p. 600 à 609.)

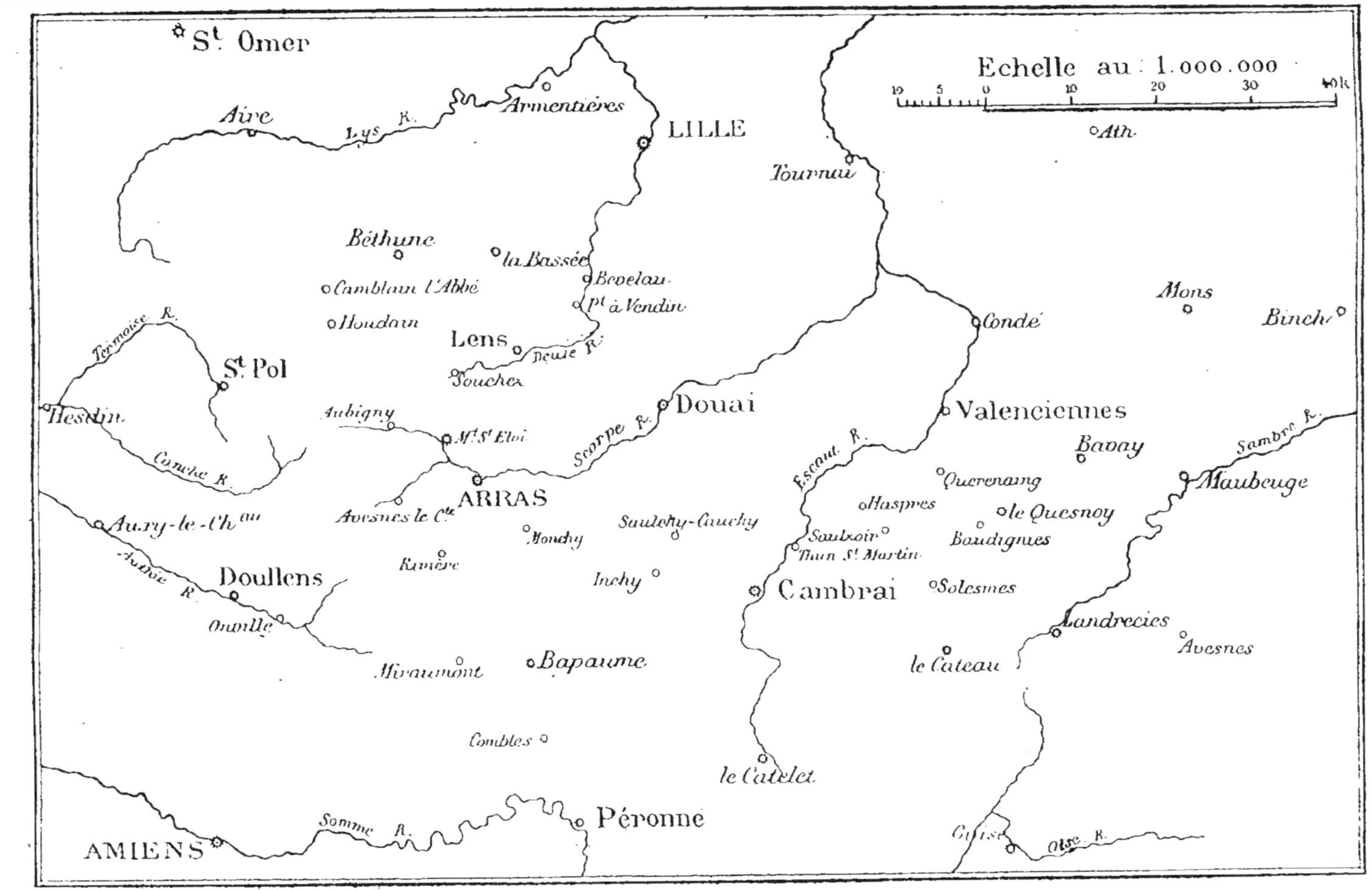

St. Omer
Aire
Lys R.
Armentières
LILLE
Echelle au : 1.000.000
10 5 0 10 20 30 40k
Ath
Tournai
Béthune
la Bassée
Bevelau
Camblain l'Abbé
Pt à Vendin
Mons
Houdain
Conché
Binch
Lens
Deule R.
St Pol
Touchez
Termoise R.
Douai
Valenciennes
Hesdin
Aubigny
Mt St Eloi
Scarpe R.
Bavay
Conche R.
Escaut R.
Sambre R.
Querenang
Maubeuge
Aury-le-Ch au
Avesnes le Cte
ARRAS
Haspres
le Quesnoy
Monchy
Saulchy-Cauchy
Saulzoir
Baudignies
Rivière
Thun St Martin
Doullens
Inchy
Cambrai
Solesmes
Authie R.
Onville
Landrecies
Avesnes
Miraumont
Bapaume
le Cateau
Combles
le Catelet
Somme R.
Péronne
AMIENS
Guise
Oise R.

tions de la campagne doivent s'étendre sur une aussi vaste surface. Celles qui exerceront une influence décisive sur son issue auront un théâtre plus restreint, compris dans les bassins de l'Escaut et de ses affluents, la Lys, la Scarpe, etc. C'est donc à cette région qu'il convient de s'attacher plus particulièrement.

Le terrain dont nous venons d'indiquer les limites se rattache à l'ensemble des grandes plaines, des groupes de collines faiblement accentuées qui constituent le Nord de la France et se prolongent, avec quelques interruptions, jusqu'aux vastes étendues sablonneuses de l'Ouest et du Nord de l'Allemagne. Il ne présente, en général, ni grands accidents, ni cours d'eau très importants, ni obstacles considérables à la marche des armées. Les collines les plus élevées sont celles des Argonnes, qui limitent vers l'ouest le bassin de la Meuse et se prolongent au nord par les collines entre Sambre et Meuse. Ces deux groupes sont couverts de grandes forêts, dont l'étendue totale est encore très considérable, quoiqu'elle ait singulièrement diminué depuis le milieu du xviie siècle. C'était alors une zone d'accès difficile, traversée par des chemins peu nombreux et en très mauvais état; elle n'était point faite pour attirer les armées.

Les collines entre Sambre et Meuse confinent vers le sud et l'ouest à une région accidentée, celle que traversent la Sambre et la partie haute de l'Oise. C'est un pays de pâturages et de bois, coupé de chemins creux, de grandes haies, de vallées profondes. Aux environs d'Avesnes, ce qu'on nomme « la petite Suisse » fait partie de cet ensemble, alors très peu accessible.

Plus à l'ouest, les mouvements de terrain perdent de leur importance et se fondent peu à peu dans la grande plaine des Flandres. Les seuls obstacles naturels qu'on y rencontre sont les cours d'eau, dont le réseau très serré est gardé — en 1654 — par une foule de petites places. Quoique peu de pays d'Europe aient été aussi fréquemment ravagés par la guerre, il en est peu d'aussi riches et qui offrent autant de ressources aux armées.

A l'ouest, la plaine des Flandres est limitée par le massif des collines de l'Artois, découpé en tous sens par des vallées souvent très encaissées, et suivies par des rivières dont la direction générale est sensiblement la même, du sud-est au nord-ouest[1]. Ce

---

[1] Un fait très digne de remarque, c'est que la plupart des vallées débou-

pays de collines était d'accès difficile à l'époque dont nous parlons : ses vallées transversales offrent, encore aujourd'hui, des lignes de défense tout indiquées contre un ennemi allant du nord au sud, ou réciproquement.

Vers le sud, cette région mouvementée confine au groupe de collines et aux plaines légèrement ondulées que traversent les hautes vallées de l'Escaut ou de la Somme. La constitution géologique de cette dernière zone est à peu près la même ; les difficultés qu'elle présente à la marche des armées sont toutefois beaucoup moindres. Au delà, le terrain devient de moins en moins accidenté, et une série de plaines s'étendent au sud de la Somme et à l'est de l'Oise : le Santerre, la plaine de Laon et les vastes étendues crayeuses qui s'étalent de la Serre à l'Aisne.

Le dos de pays entre la Somme et l'Oise constitue dans ces plaines une sorte de péninsule qui prolonge vers le nord les collines de la rive droite de l'Oise.

Les principaux cours d'eau de cette région sont :

1° La Meuse, dont la direction générale va du sud-est au nord-ouest. En 1654 une partie de sa vallée appartenait encore au duc de Lorraine ou au prince de Condé ; le roi de France avait une garnison dans Sedan ; la partie inférieure de la rivière était au roi d'Espagne et à ses alliés.

2° Parmi les affluents de la Meuse figure en premier lieu la Sambre, qui coule du sud-est au nord-est, à peu près suivant la direction de l'Oise moyenne et inférieure dont elle forme le prolongement vers le nord.

3° L'Oise, qui prend sa source dans les hauteurs entre Sambre et Meuse, se dirige d'abord de l'est à l'ouest, par une vallée très encaissée ; vers Guise, elle prend une direction nord-est-sud-ouest qu'elle conserve jusqu'à son confluent avec la Seine ; la dernière partie de sa vallée est beaucoup moins étroite et moins profonde que la première ; mais son débit et sa profondeur en font un obstacle de grande valeur.

4° La Somme prend sa source non loin du coude de l'Oise et se dirige d'abord parallèlement à elle ; puis elle suit une direction

---

chant dans la Manche, de la Liane à l'Arques, affectent sensiblement des directions parallèles, perpendiculaires aux routes d'invasion de Belgique en France.

inverse et coule enfin, après Péronne, vers le nord-ouest jusqu'à la Manche.

5° L'Escaut a son origine à quelques kilomètres de celle de la Somme et se dirige vers la mer du Nord par de nombreux méandres, tout en conservant sa direction générale du sud-ouest au nord-est.

Ses principaux affluents, dans la région qui nous occupe, sont la Scarpe, qui coule à peu près de l'est à l'ouest, pour remonter ensuite au nord-est; la Lys qui sort, comme la rivière précédente, des collines de l'Artois et prend, dans la majeure partie de son cours, une direction du sud-ouest au nord-est.

Vers le milieu du xviie siècle, les voies de communication étaient loin d'être nombreuses et en bon état dans cette partie de la France, des Pays-Bas et du duché de Lorraine. La plupart des routes n'étaient autres que d'anciennes chaussées romaines, souvent appelées chaussées Brunehaut, parce qu'elles furent, dit-on, réparées au temps de cette reine. Elles sont devenues presque partout des routes nationales ou départementales, tant leurs directions générales avaient été habilement tracées, suivant l'importance stratégique et commerciale des points à relier. Mais ces antiques chaussées, peu ou point entretenues, étaient en hiver et par la pluie de véritables fondrières. Nous verrons, en parlant du siège d'Arras, qu'une bonne partie des convois espagnols était transportée sur des animaux de bât. Pourtant, en venant de Douai, ils avaient à traverser un pays presque absolument plat et qui compte aujourd'hui parmi ceux de l'Europe dont la viabilité est le mieux assurée.

L'ensemble qui vient d'être décrit et, en particulier, la zone frontière, sur les limites des Pays-Bas, de l'Artois, de la Picardie et du Vermandois, était hérissé d'une multitude de places fortes. Celles qui existaient récemment encore dans cette région, si nombreuses pourtant, celles qui ont été déclassées dans les deux derniers siècles, en nombre beaucoup plus considérable, ne sont qu'une faible partie des villes fortes, des postes, des châteaux-forts, des points fortifiés de toute nature qui défendaient alors cette bande de terrain, tant de fois foulée par les armées.

Pour nous en tenir à l'espace compris entre la Somme, la Sambre et la Lys, les principales villes fortes de la région étaient :

sur la Sambre, Landrecies, Maubeuge, toutes deux appartenant à l'Espagne; entre l'Escaut et la Sambre, Le Quesnoy, également Espagnol, le Câteau-Cambrésis, qui était à la France; sur l'Escaut: Cambrai, Valenciennes, Condé, toutes trois espagnoles; sur la Scarpe: Arras, française depuis sa prise en 1640, et Douai, qui était encore à l'Espagne.

Vers le nord, les deux places de Béthune et de La Bassée couvraient les approches d'Arras et faisaient face aux villes espagnoles de la Lys, beaucoup plus importantes. Les principales étaient Aire, Saint-Omer, et, plus à l'Est, Lille.

La petite ville de Saint-Pol, encore fortifiée à cette époque, appartenait aux Espagnols et s'avançait comme un coin dans le pays français, entre Arras et la place de Hesdin.

Enfin, Doullens, Bapaume et, sur la Somme, Amiens, Corbie, Péronne, Ham, St-Quentin; sur l'Oise, La Fère et Guise étaient les principales places françaises de la Picardie, du Vermandois ou de la Thiérache.

A l'est de l'Oise, les terres du roi et celles des alliés étaient enchevêtrées de la façon la plus fantastique. Si Sedan, Sainte-Menehould, Mouzon étaient à la France, Rocroy, Stenay, Clermont-en-Argonne, avaient des garnisons espagnoles. Il n'existait de ce côté, pas plus qu'en Artois, ni frontière ni ligne de défense bien nette pour l'un ou l'autre parti.

D'après ce qui précède, il est aisé de voir que les situations des armées en présence sur l'Escaut et la Somme n'étaient aucunement comparables. L'Espagne avait l'avantage de posséder des places plus importantes; la plus forte de celles du roi, Arras, était enserrée entre Douai, Aire, Saint-Pol, toutes trois aux Espagnols. Enfin les ressources des pays wallons et flamands dépassaient de beaucoup celles des terres voisines appartenant à la France. Nous verrons plus loin que la disproportion n'était pas moins grande entre les forces numériques en présence.

CHAPITRE II.

L'INVESTISSEMENT D'ARRAS.

Emplacements des armées au début des opérations. — Arrestation du duc de Lorraine. — Marche des Lorrains sur la Lys. — Nouveau mouvement en avant des Lorrains. — Plan de campagne des Français. — Intentions supposées des Espagnols. — Investissement d'Arras. — Le comte de Montdejeu. — Entrée de secours dans Arras.

Nous avons dit que l'année 1653 avait été consacrée à des marches et à des sièges de petites places, sans donner lieu à des rencontres décisives ou même à des chocs de quelque importance.

A la fin de la campagne, l'armée royale s'était établie en quartiers d'hiver dans la Champagne et la Thiérache; elle comptait alors de douze à quinze mille hommes, sous les ordres du maréchal de Turenne, que ses campagnes en Allemagne avaient déjà fait connaître, sans lui donner encore la célébrité à laquelle il parvint plus tard. Son autorité naturelle, la justesse de ses vues, son sang-froid dans les circonstances difficiles lui promettaient de grands succès pour l'avenir. Esprit méthodique et froid, il n'engageait ses opérations qu'après les avoir mûrement combinées et préparées de même. Sa résolution une fois prise, il l'exécutait avec la dernière énergie, sans se soucier des obstacles. Le cardinal Mazarin n'eût pu faire un meilleur choix.

En face de l'armée royale, celle du roi d'Espagne, aux ordres du vaincu de Lens, l'archiduc Léopold[1], avait pris ses quartiers d'hiver dans les Flandres. Elle comptait de 30,000 à 40,000 hommes appartenant à diverses nationalités, dont les Espagnols ne constituaient qu'une fraction relativement peu importante. Le prince de Condé[2], depuis sa révolte contre l'autorité royale, ou plutôt contre celle de Mazarin, entraînait avec lui un certain nombre de gentilshommes attachés à sa fortune. Enfin les troupes du duc de Lorraine, Charles IV, constituaient un appoint

---

[1] Léopold-Guillaume, plus tard évêque de Passau et de Strasbourg. Il était alors gouverneur des Pays-Bas pour le roi d'Espagne.

[2] Il avait rompu l'année précédente toute négociation avec Mazarin, en concluant à Bruxelles, avec l'Espagne, un traité dont le principal article portait que toutes les places prises en France, à une certaine distance des frontières espagnoles, lui appartiendraient.

très sérieux pour les alliés, quoique la fidélité de ce prince leur fût déjà fort suspecte.

Dès le mois de janvier 1654, le repos des troupes espagnoles était troublé par des mouvements opérés entre nos places d'Artois et de Picardie, sans qu'il en résultât pourtant aucune action de guerre. De leur côté, le corps des ducs de Lorraine et une partie de celui de Condé entraient dans le pays de Liège pour y étendre leurs quartiers. Fabert, gouverneur de Sedan, renforcé de détachements venus d'Artois ou de Picardie avec le chevalier de Créqui, y pénétrait à son tour (25 février), après entente avec l'Électeur. Il n'eut pas à en chasser les alliés : le duc de Lorraine ne l'avait pas attendu pour se retirer dans les Pays-Bas, et aller jusqu'à Bruxelles.

Cette retraite subite donna fort à penser aux Espagnols, qui crurent à une entente avec le cardinal Mazarin. Des faits antérieurs et surtout l'attitude du duc devant Rocroy, l'année précédente, l'avaient déjà fait soupçonner de trahison[1]. Des raisons sérieuses faisaient qu'il était peu satisfait de son alliance avec les Espagnols. La jalousie qui existait depuis longtemps entre la maison de Lorraine et celle de Bourbon avait encore augmenté par la conclusion du traité qui unissait Condé à l'Espagne. Charles IV perdait ainsi tout espoir de rentrer en possession des places lorraines données par le roi de France à ce prince, en récompense de ses services au début de la régence. Les circonstances rendaient donc très vraisemblable la trahison qui lui était reprochée.

Le roi d'Espagne donna l'ordre de s'assurer de lui et, le 25 février, il était arrêté à Bruxelles, dans le palais même de l'archiduc, par le comte de Fuensaldaña ; ses principaux officiers avaient été achetés par les Espagnols, en sorte que l'agitation provoquée parmi ses troupes se calmait bientôt. Vainement Fabert, arrivé le 1er mars à quelques lieues de Liège, entamait d'actives négociations pour les détacher de l'Espagne; vainement la régence donnait son assentiment à cette tentative : les Lorrains allaient combattre pour un prince qui détenait prisonnier leur souverain légitime, toujours reconnu par eux.

---

[1] Il avait quitté le siège avec ses troupes, sous prétexte que le séjour des lignes d'investissement était mortel pour elles. (Général BOURELLY, *Vie du maréchal de Fabert.*)

D'ailleurs l'archiduc Léopold obtint du duc François, frère de Charles IV, qu'il prît le commandement des troupes de Lorraine pendant que le prince captif était conduit à Anvers et de là à Tolède, où il devait être longtemps retenu. En outre, un traité conclu à Tirlemont entre l'Espagne et l'Électeur, par l'entremise de l'Empereur, obligeait bientôt Fabert à quitter le pays de Liège; vers la fin d'avril il était de retour à Sedan[1].

Si le roi d'Espagne avait eu à redouter la trahison de Charles de Lorraine, la régente Anne d'Autriche n'était pas mieux partagée. Le comte d'Harcourt, « l'homme gros et court » dont la faible cervelle semblait avoir perdu tout sentiment de l'honneur[2], se préparait à livrer Philippsbourg et Brisach à l'Empereur. Castelnau et La Ferté, envoyés avec des troupes, l'amenèrent à composition et rétablirent l'autorité du roi dans ces deux places. L'Alsace fut ainsi sauvée, et l'attention de Mazarin put se reporter sur la Champagne et la Lorraine, où il comptait faire opérer le gros de nos forces.

Cependant, quelques escarmouches avaient déjà eu lieu sur la frontière des Flandres, et le moment de la reprise générale des hostilités approchait. Le cardinal Mazarin ordonnait la concentration à Auxi-le-Château, un peu à l'ouest de Doullens, sous les ordres du sieur de Bar, gouverneur de cette place, d'un *camp volant* emprunté aux garnisons voisines et destiné à observer les mouvements des Espagnols vers la Lys et le Boulonnais. Le comte de Montdejeu, gouverneur d'Arras, y envoyait deux régiments de cavalerie, forts de douze compagnies, qui constituaient une bonne partie de sa garnison. Comme il se rendait compte du danger de sa situation, il réclamait sans succès contre la décision du cardinal. Cet affaiblissement d'Arras était d'autant plus fâcheux que les troupes espagnoles des Flandres recevaient bientôt un renfort important.

La petite armée du duc de Lorraine, alors commandée par le

---

[1] Ce mouvement rétrograde, commencé le 24 mars, fut également motivé par l'approche de Fuensaldaña, qui marcha sur la Meuse avec 12,000 ou 13,000 hommes (Lettre de Condé au comte de Fiesque, 17 avril 1654, *Archives de Condé*, citée par M. le duc d'AUMALE, *op. cit.* t. VI, p. 613.)

[2] Duc d'AUMALE, *Histoire des princes de Condé*, tome VI. La partie de cette histoire qui touche la campagne de 1654 a été reproduite en 1890 dans la *Revue des Deux Mondes*.

comte de Ligneville, était forte d'environ 5,000 hommes (23 régiments de cavalerie et 7 d'infanterie)[1]. Elle quitta les environs de Bruxelles et se mit en marche vers les Flandres. Le 4 avril, elle partait d'Onnaing, au nord-est de Valenciennes, et franchissait l'Escaut sur un pont jeté au nord de cette ville. De là elle se rendait près de Marchiennes, où elle passait la Scarpe pour se diriger vers La Bassée, par Orchies et Mons-en-Pévèle.

La garnison de La Bassée était informée de ce mouvement; en outre, un détachement qu'elle jetait vers Armentières, enlevait plusieurs Espagnols détachés en sauvegarde. On apprit ainsi que les troupes alliées devaient se rendre du Hainaut sur la Lys. Cet ensemble de renseignements semblait indiquer que les opérations de la prochaine campagne auraient surtout pour théâtre l'Artois et le Boulonnais.

Le gouverneur de La Bassée, comte de Broglie, qui était encore à Paris, rejoignit aussitôt son poste, et le cardinal se hâta de jeter dans la place le régiment de La Feuillade, qu'il préleva sur les garnisons voisines. Mais ces alarmes ne furent pas confirmées. Les Lorrains, établis entre Lille, Pont-à-Vendin, La Bassée et Aire, y demeuraient immobiles. Rassuré par cette inaction, Broglie renvoya le régiment de La Feuillade. Sa garnison et celle de Béthune harcelèrent même si bien les Lorrains qu'ils durent quitter le pays couvert où ils s'abritaient, pour remonter vers la Lys. Ils se portèrent autour d'Armentières et y restèrent jusque vers le milieu du mois de mai.

De leur côté, les garnisons espagnoles devenaient de plus en plus entreprenantes. Au commencement de mai, un parti venu de Saint-Omer enlevait, entre Doullens et Arras, un détachement de cavalerie et d'infanterie qui venait d'escorter le duc de Chaulnes, au moment où il se rendait dans cette dernière ville. Quelques jours après, une troupe partie du Catelet allait piller des villages aux abords de Bapaume; mais elle était repoussée avec pertes par des cavaliers de la garnison (16 mai).

---

[1] On voit que, si ces chiffres sont exacts, ces régiments avaient l'effectif de très petits bataillons et de faibles escadrons (P. IGNACE, *Dictionnaires, mémoires et recueils du diocèse d'Arras*, Additions, t. II, p. 473). Ce curieux manuscrit, conservé à la bibliothèque d'Arras, ne comprend pas moins de 32 volumes *in-folio*, dans lesquels toutes sortes de renseignements, souvent très précieux, sont dispersés de la manière la plus fantaisiste et sans le moindre esprit critique.

Le 22, le duc François de Lorraine arrivait à Armentières pour prendre le commandement de ses troupes. Il les portait en avant deux jours après, en remontant la Lys, et venait s'établir entre Béthune et Saint-Venant, à portée de se couvrir de cette rivière[1]. Il y demeurait quelque temps inactif.

Cependant, Turenne rassemblait sa petite armée sur les frontières de Champagne et de Lorraine, beaucoup moins pour obéir à des nécessités militaires qu'afin de protéger le voyage du roi et de la cour. On allait, en effet, sacrer Louis XIV à Reims et les fêtes commençaient le 4 juin. Cette circonstance avait conduit l'armée royale sur la lisière de l'État que Condé cherchait alors à créer le long des côtes de la Meuse, dans l'Argonne, entre le Luxembourg et les Pays-Bas. La forteresse de ce petit royaume était Stenay, une ville bien déchue dont nous ne pouvons guère apprécier aujourd'hui l'importance. Mazarin en avait longuement marchandé la concession à Condé en 1644. Il conçut le projet de la reprendre, comptant que la proximité de Turenne permettrait à Fabert de l'enlever sans avoir à redouter la venue de l'ennemi. A ses yeux, le choix de Stenay comme objectif de la campagne prochaine avait pour principal avantage d'infliger à Condé un coup très sensible. C'était, en outre, un brandon de discorde jeté parmi les alliés. Ni les Espagnols ni les Lorrains ne seraient disposés à secourir cette petite place : les premiers, parce qu'ils tenaient avant tout à ne pas s'écarter des villes et des territoires qu'ils convoitaient à proximité des Flandres; les seconds, parce qu'ils regardaient Condé comme un spoliateur et n'entendaient nullement le maintenir en possession d'une ville arrachée à la Lorraine[2].

Il fut donc convenu que Fabert ferait le siège de Stenay avec les gardes françaises et suisses, quatre ou cinq régiments d'infan-

---

[1] P. Ignace, t. VIII, p. 579.

[2] *Mémoires de Turenne;* duc d'Aumale, *op. cit.* Le choix de Stenay et ensuite de Clermont fut d'autant plus sensible à Condé que ces deux places n'avaient pas été ravitaillées en munitions, malgré les démarches répétées du prince auprès de Fuensaldaña (Lettre de Condé à M. de Fiesque, 17 avril 1654, déjà citée.)

La garnison de Stenay était commandée par deux officiers distingués, Nicolas Bouton, comte de Chamilly et le colonel espagnol Colbrand. Parmi les assiégeants figurait un jeune homme appelé à devenir illustre, Le Prêtre de Vauban.

terie, et 1200 à 1500 chevaux. Le roi se rendrait à Sedan après les fêtes du sacre, et Turenne se tiendrait à sa portée vers la vallée de l'Oise. De là, il pourrait marcher sur Stenay, si les Espagnols se décidaient à secourir cette place, ou vers les Flandres, si l'ennemi persistait dans les mouvements offensifs que semblait annoncer la marche des Lorrains sur la Lys[1].

Les prévisions du cardinal ne furent pas trompées. La nouvelle du siège de Stenay parut un instant jeter le plus grand désarroi parmi les alliés[2]. Finalement, l'influence de Condé succomba et on renonça à opérer sur la Meuse. Fuensaldaña, exagérant la prudence suivant son habitude, proposait d'assiéger une petite place, La Bassée[3] ou Béthune. Condé fit comprendre à l'archiduc qu'on userait inutilement ses forces à cette opération, sans nulle conséquence pour l'avenir. Il lui proposa le siège d'Arras, enlevé tout récemment à l'Espagne (1640) et qui constituait notre principal appui en Artois et en Picardie. Nous avons déjà dit que la situation de cette ville, en face de Douai et de Cambrai, couverte seulement au Nord par deux petites places sans importance, Béthune et La Bassée, était difficile. En outre, la perte d'Arras avait été très sensible à l'Espagne; sa prise eût pansé une blessure toujours ouverte; elle eût permis de prendre à revers les points que nous occupions vers la Lys, tout en dégageant entièrement les villes espagnoles de cette vallée.

D'ailleurs, Condé jugeait l'armée royale suffisamment occupée avec le siège de Stenay. Il croyait qu'Arras, vivement poussée, serait prise avant cette petite place. Il savait sans doute par un espion ou par les habitants, encore très attachés à l'Espagne, que presque toute la cavalerie d'Arras avait rejoint le sieur de Bar à Auxi-le-Château. Cette circonstance était faite pour faciliter l'investissement et le siège projetés; elle contribua sans doute à les faire accepter.

Dans l'intervalle, la concentration des alliés s'était achevée. Vers la mi-juin, leurs troupes se massaient aux environs de

---

[1] De Ramsay, *Histoire du vicomte de Turenne,* Paris, 1735.

[2] Lettre de Condé au comte de Fiesque, 20 juin 1654, *Archives de Condé,* reproduite par le duc d'Aumale, *op. cit.,* t. VI, p. 726. Le duc de Lorraine ne voulait secourir Stenay qu'à une condition : Condé lui remettrait Clermont.

[3] Le projet d'assiéger La Bassée fut agité dès le mois de mars (Lettre de Condé à M. de Fiesque déjà citée, 17 avril 1654).

Valenciennes et de Douai[1]. Les Lorrains, qui s'étaient retirés entre Aire et Saint-Omer, reparaissaient au sud de la Lys, vers La Bassée ; aussitôt, le comte de Broglie réclamait pour cette place un renfort de 500 chevaux que lui envoyait le sieur de Bar. Les autres villes des environs, Hesdin, Béthune, recevaient aussi quelques troupes.

Malgré cet ensemble de circonstances, le cardinal et Turenne ne supposaient pas que les alliés eussent de grands desseins pour la campagne prochaine. S'ils ne marchaient au secours de Stenay, ils se borneraient, croyait-on, à assiéger quelque petite place comme Béthune ou La Bassée. Dans ce cas, les troupes du roi mettraient le siège devant une ville de la frontière nord, La Capelle ou Landrecies. Les emplacements qu'elles occupaient à la fin de juin, près de La Fère, leur permettraient de se porter aisément sur l'une ou l'autre de ces places[2].

Telle était la situation, quand la nouvelle de l'investissement d'Arras vint surprendre Turenne et le cardinal.

Il avait été décidé dans les conseils de l'archiduc que les Lorrains et les troupes espagnoles concentrées sur la Lys se porteraient au nord et à l'ouest d'Arras ; que celles (espagnoles, wallonnes ou allemandes) rassemblées vers Douai et Valenciennes s'établiraient au nord-est et à l'est ; enfin, qu'avec les troupes venues de Cambrai, Condé fermerait l'investissement du côté du sud, le plus exposé.

Le 1er juillet, à la nuit, les Espagnols, campés vers Hazebrouck et Aire, se mettaient en marche sur Arras, en passant à l'ouest de Béthune ; ils étaient suivis par l'infanterie lorraine, tandis que la cavalerie marchait plus à l'ouest, sur Saint-Pol et l'abbaye de Cercamp. Nous avons dit que le sieur de Bar était à Auxi-le-Château, lançant des coureurs jusque vers les places espagnoles de la Lys. Dès la nouvelle de l'approche des alliés, il se porta, en

---

[1] P. IGNACE, *Additions*, tome II.

[2] *Mémoires de Turenne*. Turenne était le 30 juin au camp de Coartille (Cohartille), hameau du village de Froidmont (Aisne), sur la Souche, affluent de la Serre. Il ignorait encore le mouvement des alliés (Lettre de Turenne à Mazarin, *Archives de Condé*, reproduite par le duc D'AUMALE, *op. cit.*, t. VI, p. 727.)

D'après une lettre du cardinal à Turenne, 1er juillet 1654 (citée par CHÉRUEL, *op. cit.* t. II, p. 159), certains avis prêtaient à Condé l'intention de marcher sur Paris pour répondre à l'appel des mécontents.

remontant l'Authie, au delà de Doullens, à Orville, pour le cas où l'ennemi marcherait sur Arras ou sur Cambrai.

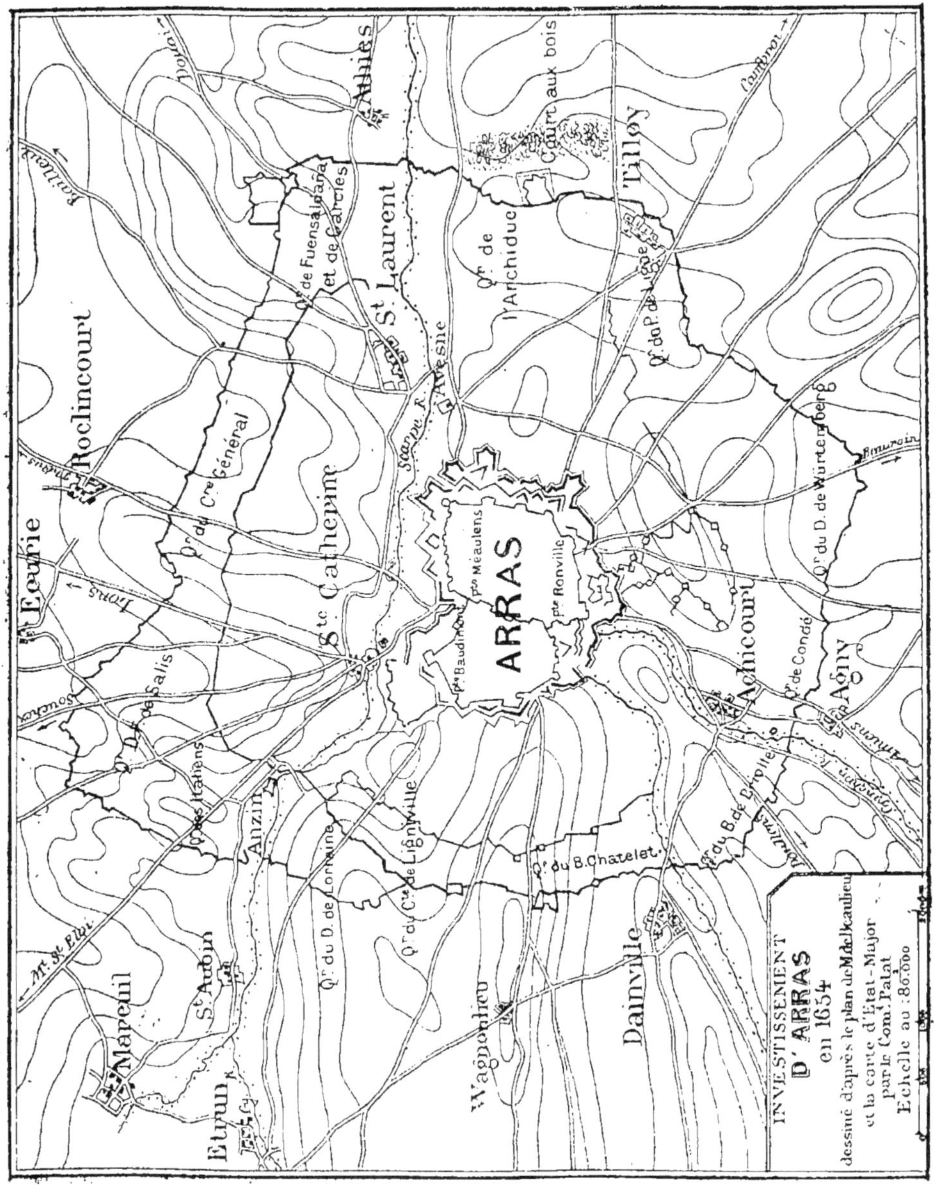

Le 2 juillet, à minuit, des espions vinrent l'avertir que la cavalerie lorraine continuait sa marche entre Avesnes-le-Comte et

Bonnières, et qu'elle semblait se diriger sur Cambrai. En réalité, ce mouvement avait simplement pour but de couvrir la marche de l'infanterie, qui s'était déplacée à l'abri d'un rideau. Le 3 juillet, vers 4 heures du matin, le veilleur du beffroi d'Arras annonçait l'approche des Lorrains. Ils s'établissaient sans difficulté d'Étrun à Dainville, entre les chemins de Saint-Pol et de Doullens.

En passant, le comte de Ligneville avait surpris et enlevé l'abbaye de Mont-Saint-Éloi que gardait une petite garnison. Ces 50 hommes furent passés au fil de l'épée, et l'abbaye devint aussitôt l'un des points d'appui des alliés autour d'Arras.

Pendant que ce mouvement s'exécutait, le reste de l'armée espagnole se mettait également en marche et fermait l'investissement de la ville. Dès le soir du 3 juillet il était à peu près complet et l'établissement des lignes de circonvallation commençait aussitôt. Elles allaient mesurer un périmètre de six lieues environ.

L'armée de l'archiduc Léopold comptait 35,000 hommes et 63 pièces de canon [1]. Elle prit les positions suivantes : les Lorrains s'étendaient de la Scarpe vers Anzin jusqu'aux abords du Crinchon, à hauteur d'Agny; le prince de Condé allait du Crinchon au chemin de Bapaume, vers Beaurains; le duc de Wurtemberg, l'archiduc et le prince de Ligne avaient réparti leurs troupes de Beaurains à Saint-Laurent; le comte de Fuensaldaña s'étendait de la Scarpe au chemin de Lille; enfin le comte de Garcies, mestre de camp général, et le duc François de Solis, grand maître de l'artillerie, avaient leurs quartiers du chemin de Lille à la Scarpe, entre Anzin et Saint-Aubin. Le pont de pierre d'Avesnes[2] et plusieurs ponts de bateaux établissaient la liaison entre les Espagnols et les Lorrains, vers Anzin — Saint-Aubin. Cet investissement s'était opéré sans autre difficulté que

---

[1] Ces chiffres sont approximatifs ; le duc d'Aumale (ouvrage cité) dit 28,000 hommes et 12,000 pionniers ; l'auteur de la *Vie de Schulemberg* (mss. de la bibliothèque d'Arras, par un abbé de ce nom) écrit que ces 35,000 hommes comptaient 14,000 cavaliers et 8,000 pionniers (paysans armés de fusils et requis dans la châtellenie de Lille). Les appréciations sur la force de l'armée espagnole varient de 25,000 à 40,000 hommes.

[2] Ce pont conduisait à l'abbaye d'Avesnes ou Avaine, sur la Scarpe, à l'est d'Arras.

quelques escarmouches. Il mettait, tout à fait à l'improviste, Arras en sérieux danger. Heureusement cette place avait un gouverneur d'une rare énergie. Il devait faire une des plus belles défenses que signalent nos annales militaires.

Jean de Schulemberg[1], comte de Montdejeu, né en 1598, au château de Guincourt en Vermandois, était originaire d'une famille alliée à celle des La Marck. Dès l'âge de quatorze ans il entrait au service du comte de Bouillon, faisait ensuite la campagne du Piémont et se distinguait à la prise de Verceil. En 1620, il assistait à la bataille de Prague, avec le contingent envoyé à l'Empereur par le duc de Bouillon. Puis il passait au service du roi de France, pour ne plus le quitter. Vers 1630 il était colonel du régiment de Vaudemont. En 1635 il soutenait dans Coblentz, où il avait été envoyé par le cardinal de Richelieu, un brillant siège de quatorze mois. Après avoir épuisé toutes les ressources de la défense, il finissait par se frayer passage au travers de l'ennemi. Nommé plus tard gouverneur de Rue et du Crotoy, il devenait maréchal de camp à la prise d'Arras en 1640, lors du siège célèbre où Condé, alors duc d'Enghien, fit ses premières armes.

En 1651 il était nommé lieutenant général et, le 25 février 1652, il recevait la charge de gouverneur d'Arras.

Cette place était en mauvais état; elle n'avait ni garnison, ni défenses, ni approvisionnements sérieux. Montdejeu s'employa activement à la mettre en état et y parvint, grâce à des procédés que justifiaient les mœurs d'alors. Le roi n'avait pas d'argent ni de troupes à mettre dans ses places : Montdejeu offrit au cardinal, qui accepta avec empressement, de se charger de l'entretien d'Arras et de celui d'une garnison de 2,500 hommes de pied avec 300 chevaux[2]. Par contre, le gouverneur était autorisé à lever autant de contributions qu'il pourrait en pays ennemi.

---

[1] Voir la *Vie de Schulemberg*, le manuscrit déjà cité, et deux ouvrages de M. Lecesne, *Histoire d'Arras* et *Le comte de Montdejeu*.

[2] *Vie de Schulemberg* et autres. Les gouverneurs se permettaient alors les plus étranges privautés à l'égard de l'autorité royale. Ainsi les *Mémoires du chevalier de Gramont*, par le comte de Hamilton, rapportent que le gouverneur de Bapaume ne se fit aucun scrupule d'arrêter les courriers allant de l'armée à la cour porter la nouvelle de la victoire d'Arras. Dom Devienne raconte aussi qu'en 1656, quand les malversations de Montdejeu furent sur le point de lui

Si Montdejeu usa largement de cette autorisation, il eut du moins le respect de la foi jurée, en ce qui concerne l'entretien de la place d'Arras ; sa garnison fut maintenue sur un pied dépassant de beaucoup le chiffre fixé : au moment où le siège allait commencer, elle comptait de 3,200 à 3,300 hommes de pied et 1200 chevaux. Mais 300 ou 400 cavaliers seulement étaient restés dans la ville. Le reste avait rejoint le sieur de Bar à Auxi-le-Château.

Montdejeu ne se bornait pas là ; il prenait à sa solde un ingénieur italien, Del Valle, auquel il assurait une solde de 8,000 livres par an, très considérable pour l'époque. Il organisait à Arras une compagnie de cadets, qui servait au recrutement de ses officiers. On voit de quelle indépendance, de quelle large initiative jouissaient à cette époque les gouverneurs de grandes places.

Le roi de France ne pouvait compter sur la fidélité des habitants d'Arras, qui gardaient leur attachement héréditaire pour la maison d'Espagne. Ces sentiments dataient de fort loin : Louis XI les avaient malmenés au point de chasser de la ville un grand nombre de bourgeois, qu'il remplaça par des gens de métiers et de riches marchands levés dans d'autres cités. Orléans, par exemple, fut taxé à 70 « ménagers » et 4 « riches marchands »[1]. L'hostilité des gens d'Arras pour les rois de France en fut accrue. D'ailleurs les Espagnols respectèrent leurs privilèges et réussirent à se les attacher complètement. Lors de l'entrée solennelle de Montdejeu dans la ville, les échevins se dispensèrent d'aller à sa rencontre, et les mauvais rapports amenés par cet incident ne firent qu'empirer chaque jour. Le gouverneur gardait fort peu de ménagements pour les bourgeois qui, de leur côté, ne se faisaient point faute d'entretenir des intelligences avec les Espagnols.

Située au sud de la Scarpe, entourée de bouquets de bois et de marais, Arras montre au loin ses clochers sur un plateau dénudé. L'abbaye de Saint-Waast, à peu près située

---

faire ôter sa charge, il força les deux commissaires du roi à quitter la ville. Craignant une surprise, il ne laissa quelque temps qu'une porte ouverte, faisant même tenir le marché au dehors.

[1] Comptes rendus des réunions des Sociétés savantes (*Journal officiel*, page **2114, 24 mai 1888**).

au centre de la ville, occupe un mamelon qui domine le confluent de la Scarpe et d'un ruisseau venu du sud, le Crinchon; Montdejeu avait beaucoup accru les fortifications; mais la citadelle, les fossés profonds, les dehors que fit construire Vauban n'avaient pas encore donné à la place le complément des défenses qui lui étaient nécessaires.

Des hauteurs très dominantes, celles de Mont-Saint-Éloi et de Monchy-le-Preux, à deux lieues environ au nord-ouest et à l'est d'Arras, constituent des sortes de vigies naturellement indiquées pour l'assaillant, qu'il veuille menacer la place ou forcer les lignes d'investissement établies autour d'elle. Dans l'intervalle de ces deux collines le terrain est assez mouvementé. Des ravins à peine sensibles à distance, mais suffisamment larges et profonds, sont de nature à abriter des mouvements étendus. Entre la Scarpe et le Mont-Saint-Éloi, entre cette rivière et Monchy-le-Preux, au contraire, les pentes sont régulières et peu accentuées, étalant de longs glacis[1]. En somme ce terrain était de nature à favoriser de grands mouvements de troupes; il les dissimulait, sans les gêner d'une façon sérieuse. Nous verrons comment Turenne et, après lui, Condé surent en tirer parti au moment de la bataille d'Arras.

Cependant Montdejeu cherchait à faire rentrer dans la ville la cavalerie qui en était sortie si mal à propos. Dès le matin du 3 juillet, le sieur de Bar, alors à Orville, recevait deux lettres du gouverneur : l'une réclamait du secours; l'autre ordonnait au maréchal de camp d'Esquancourt, qui commandait la cavalerie venue d'Arras et était resté à Auxi-le-Château avec 350 chevaux, de rallier immédiatement sa garnison.

De Bar donnait aussitôt au maréchal de camp de Saint-Lieu[2] l'ordre de se porter sur Arras et d'y pénétrer par tous les moyens possibles avec son régiment de cavalerie. Une partie de celui de Puitsmarets lui était adjointe, ce qui portait sa troupe à environ 300 chevaux.

---

[1] Duc D'AUMALE, ouvrage cité. Le prince écrit Mouchy-le-Preux, orthographe de certaines publications de l'époque. Mais le nom de ce village est actuellement Monchy-le-Preux.

[2] De Saint-Lieu était soupçonné d'avoir volontairement échoué l'année précédente, dans une tentative pour rentrer dans Rocroy. Des historiens du temps assurent qu'il reçut l'ordre de pénétrer dans Arras sous peine de mort. Cette tradition paraît n'avoir aucune base sérieuse.

De Saint-Lieu tentait d'abord d'entrer à Arras par l'ouest ; mais il se heurtait à la cavalerie lorraine et se retirait vers Bapaume, où il passait la journée du lendemain, 4 juillet. Il en repartait à la nuit et se portait sur Arras par le sud, précédé de 60 cavaliers en éclaireurs. Il arrivait ainsi, à la pointe du jour, près de la ville : après avoir culbuté un escadron ennemi, il tombait sur une ligne de cavalerie en bataille ; une mêlée s'ensuivait, pendant laquelle de Grutel, le lieutenant-colonel de Saint-Lieu, se jetait vers Arras. Passant audacieusement dans l'intervalle de deux escadrons ennemis, il atteignait la contrescarpe avec une centaine de cavaliers ; près de moitié étaient blessés (60 sur 140).

Quant à de Saint-Lieu, il parvenait, lui aussi, à pénétrer peu après dans Arras, avec quelques cavaliers [1].

De même, d'Esquancourt se dirigeait d'Auxi-le-Château sur Arras, comme l'avait prescrit le gouverneur. Mais, de ses deux régiments de cavalerie (d'Esquancourt et Montdejeu), une centaine de cavaliers seulement parvenaient à entrer dans cette place par l'ouest. Le reste était tué ou pris (6 juillet).

Turenne, qui déjà était en marche de La Fère sur Péronne [2], tentait également de renforcer Montdejeu. Il détachait le chevalier de Créqui [3] avec son régiment et celui de Bouillon, environ 500 chevaux. Après plusieurs tentatives sans succès, Créqui réussit à entrer dans Arras avec 250 cavaliers, après avoir traversé le quartier des Italiens et celui des Wallons (6 au 7 juillet). Il avait déployé la plus folle bravoure et était resté en selle quarante heures consécutives [4].

Enfin, le comte de Broglie essayait, lui aussi, de renforcer Arras aux dépens de la garnison de La Bassée. Dix compagnies

---

[1] P. IGNACE, *Additions*, t. II.

[2] Le 11 juillet, il était campé à Roisel. Une lettre de lui à Mazarin, à cette date, donne des détails circonstanciés sur les tentatives de Créqui, de Saint-Lieu et d'Ekancourt. Ce dernier était Daniel de Montmorency, baron d'Ecquencourt. D'après Turenne, il entra dans Arras 1000 chevaux en tout. (Lettre à Mazarin, 11 juillet 1654, *Archives de Condé*, duc D'AUMALE, ouvrage cité, t. VI, p. 728.)

[3] Maréchal de camp en 1654 ; devint maréchal de France et fut de ceux dont on dit qu'ils étaient *la monnaie* de M. de Turenne ; fut tué au siège de Consarbrück (1691).

[4] *Mémoires de Turenne*, *Vie de Schulemberg*, P. IGNACE, *op. cit.*, etc.

du régiment de Picardie, commandées par le sieur de Paulzac et faisant un total de 300 à 400 hommes, cherchèrent à y pénétrer de nuit avec quelques cavaliers. Mais presque tous furent faits prisonniers ou demeurèrent sur place ; une cinquantaine seulement regagnèrent La Bassée.

Malgré leur succès relatif, ces tentatives de secours n'avaient pas arrêté les travaux des Espagnols. Ils s'étaient hâtés de terminer leurs lignes de circonvallation, utilisant en partie celles du siège de 1640 ; elles auraient dû être comblées depuis longtemps, si l'on se fût conformé aux instructions très précises et très complètes adressées par Louis XIII au maréchal de La Meilleraye, lors de la prise de cette ville sur les Espagnols [1].

Les lignes des alliés avaient près de six lieues de développement ; elles furent terminées le 10 juillet [2]. Elles dessinaient autour de la ville une courbe irrégulière, passant entre elle et les villages d'Agny, de Dainville, de Saint-Aubin, d'Ecury, de Roclincourt et d'Athies. En outre, une ligne de contrevallation fut tracée au nord d'Arras, c'est-à-dire du côté le plus exposé aux sorties, en raison de la force du front d'eau qui le battait. D'autres retranchements s'élevaient sur certains points dangereux ; enfin, la circonvallation était renforcée de redoutes et de redans en grand nombre [3].

La tranchée fut ouverte dans la nuit du 14 au 15 juillet, et deux attaques dirigées contre un saillant au sud-est d'Arras, la corne de Guiche [4]. Ce choix donna lieu à une vive discussion entre Condé et Fuensaldaña. Plus tard, lors de tout incident, durant toutes les phases du siège, le même antagonisme reparut. L'archiduc avait à résoudre un difficile problème, celui de faire concourir au même but trois volontés différentes : Condé, le plus passionné, le plus irritable, mais aussi le plus désintéressé, le moins aveuglé par ses intérêts personnels, servant de tout son

---

[1] Lecesne, *Histoire d'Arras*.

[2] P. Ignace, *Additions*, t. II.

[3] Voir notre réduction du *Plan d'investissement, du siège et de la bataille d'Arras*, 1655, dressé par le sieur de Beaulieu, sur l'ordre du roi.

[4] La corne de Guiche était située entre les bastions de Ronville et des Capucins, près du Crinchon. Cet ouvrage a disparu au moment de la construction de la citadelle. Il datait sans doute de l'époque pendant laquelle le maréchal de Guiche (depuis duc de Gramont) commandait dans Arras. (Duc d'Aumale, *op. cit.*)

cœur et de tout son esprit la déplorable cause qu'il avait embrassée ; le duc François de Lorraine, qui remplaçait son frère emprisonné, attendant son heure, décidé à ménager ses troupes, à les garder intactes autant qu'il serait en lui, pour le moment où il pourrait vendre son concours au plus offrant. Enfin la cause espagnole était représentée par l'archiduc, « homme de sens et d'honneur », mais dont la douceur ou la docilité acceptait la direction de Fuensaldaña, esprit étroit, absolu, obstiné, dénué de vues simples et justes, invariablement opposé aux idées de Condé [1], qu'il jalousait sans doute. Cette lutte entre trois influences diverses ne fut pas sans ralentir les progrès du siège ; elle contribua au succès final de Turenne.

CHAPITRE III.

MARCHE DE TURENNE SUR LA SCARPE.

Marche de Turenne sur Péronne. — Marche sur Monchy-le-Preux. — Ravitaillement des Espagnols. — Echec du comte de Beaujeu. — Prise de Stenay. — Marche d'Hocquincourt de Stenay à Péronne. — Sa marche sur Rivière et le camp de César. — Prise du mont Saint-Eloi. — Reconnaissance des lignes espagnoles. — Conseil de guerre de Monchy.

Portée le 4 juillet à Péronne, la nouvelle de l'investissement d'Arras parvenait le soir même à l'armée de Turenne, alors aux environs de La Fère ; dès le 6 elle arrivait à la Cour devant Stenay.

Sans attendre des ordres, Turenne se dirigeait aussitôt sur Péronne, qu'il atteignait le 7 ; il avait jeté au-devant de lui le chevalier de Créqui, dont nous avons conté l'aventureuse équipée.

Son armée établie aux environs de Péronne, Turenne attendit quelque temps avant de rien tenter pour secourir Arras. Il craignait de manquer de vivres, s'il se mettait aussitôt en mouvement, sans que cette question eût été réglée à sa convenance [2]. D'ailleurs il avait déjà reçu quelques renforts qui portaient son

---

1 Duc d'Aumale, *op. cit.*
2 *Mémoires de Turenne.*

armée à 14,000 ou 15,000 hommes, dont moitié environ de cavalerie. Le sieur de Bar, après avoir remonté l'Authie, était venu se placer à Corbie, observant les routes qui vont d'Artois en Picardie; il ralliait peu après Turenne.

En outre, sur les ordres de la Cour, le maréchal de La Ferté [1], gouverneur de Nancy, réunissait toutes les troupes disponibles dans les garnisons de Picardie et de Vermandois. Avec quelques milliers d'hommes, il venait renforcer Turenne sous Péronne. Désormais le maréchal était assez fort pour tenter quelque chose. Restait la question des vivres, difficile à résoudre dans un pays ruiné par plusieurs années de guerres et de rapines.

Mazarin avait été fort surpris en apprenant l'investissement d'Arras. Puis il espéra que les renforts survenus à la garnison détermineraient la levée du siège. Pourtant il ne se borna pas à attendre cet heureux événement; avec la souplesse de caractère et la promptitude de décision qui le distinguaient, il ne perdit pas un moment, afin de « mettre l'armée du roi en état de faire recevoir un affront aux ennemis [2] ».

Quoiqu'il fût tout à fait étranger aux choses de la guerre, par une sorte de divination qui montre l'étendue de son jugement, il indiquait à Turenne la direction dans laquelle une tentative contre les lignes d'Arras serait le plus aisée, celle du Nord. D'après lui on aurait ainsi l'avantage de surprendre l'ennemi, qui ne s'attendait nullement à nous voir opérer de ce côté; on pourrait renforcer l'armée de près de 4,000 hommes empruntés aux garnisons de La Bassée et de Béthune. Nous verrons que les prévisions de Mazarin se réalisèrent de point en point.

Tandis qu'il prenait des mesures pour presser le siège de Stenay, qui se trouvait, suivant son expression imagée, « un morceau plus dur à avaler qu'on ne s'imaginait », il envoyait le secrétaire d'État Le Tellier à Péronne, afin d'y débattre, avec Turenne et La Ferté, les mesures nécessaires pour le commencement des opérations et surtout l'alimentation des troupes.

Cette importante question réglée, il restait à déterminer le

---

[1] Henri de Senneterre, duc de La Ferté, né à Paris en 1600, maréchal de France en 1651, mort en 1681. Se distingua au siège de La Rochelle, aux batailles d'Avesnes, de Rocroi et de Saint-Nicolas.

[2] *Lettre de Mazarin à Turenne,* 6 juillet, citée par CHÉRUEL, ouvrage cité, t. II, p. 163.

plan de campagne. Turenne ne pouvait se dissimuler qu'il lui serait difficile de combattre une armée d'effectif très supérieur au sien, d'autant qu'elle n'était encore affaiblie ni par les désertions, ni par les pertes ordinaires d'un siège. Faire une démonstration contre les lignes de l'archiduc n'aurait sans doute rien changé à ses projets. Les attaquer immédiatement eût été singulièrement chanceux, dans les conditions où se trouvaient alors les deux armées. Turenne proposa donc au maréchal de La Ferté d'aller s'établir entre les Alliés et les places d'où ils tiraient la majeure partie de leurs vivres, Douai et Cambrai. Ce projet présentait pour avantages de gêner considérablement le ravitaillement de l'ennemi, de tenir l'armée à portée de secourir Arras ; enfin il permettrait de rallier une partie des garnisons de l'Artois et d'accroître d'autant la force des troupes royales [1].

Turenne parvint à imposer son opinion au maréchal de La Ferté et à Le Tellier. Le 16 juillet, l'armée quittait les environs de Péronne, pour venir camper entre Inchy et Sains, à l'ouest de Cambrai, après une marche de près de 36 kilomètres.

Le 17, dès 3 heures du matin, elle se remettait en marche sur la chaussée de Cambrai à Arras et s'arrêtait à l'est du ruisseau du Cojeul, à 12 ou 13 kilomètres de cette dernière ville. Elle demeurait en bataille entre le Cojeul et la Sensée, tandis que Turenne [2], avec la cavalerie et les dragons, allait reconnaître vers Arras, en escarmouchant contre quelques escadrons espagnols venus à sa rencontre.

L'armée ne traversait le ruisseau que fort tard dans la soirée. Toute la nuit elle travaillait à se retrancher sur la position choisie par Turenne, de la Scarpe au Cojeul, entre Pelves et Guémappes, par Monchy-le-Preux. Dans l'attente d'une attaque, les voitures restaient chargées, une partie des troupes demeuraient sous les armes jusqu'à ce que les travaux fussent suffisamment avancés. Mais aucun mouvement n'était signalé du côté des lignes

---

[1] *Mémoires de Turenne.*

[2] Il résulte d'un passage des *Mémoires du duc d'York* que les deux maréchaux alternaient par jour pour le commandement supérieur. On devine à combien de difficultés devait conduire un pareil système et ce qu'il fallait de patience et de volonté à Turenne pour imposer ses volontés à un collègue de valeur très médiocre, mais pénétré de son importance.

Le Cojeul, dont il est question en ce passage, est un très petit ruisseau, presque un fossé d'écoulement à hauteur de Monchy-le-Preux.

de l'archiduc, et l'armée royale pouvait achever son installation à loisir.

Le village et le château de Monchy-le-Preux s'élèvent à mi-chemin entre la Scarpe et le Cojeul, au sommet d'une croupe assez accentuée. Celle-ci, limitée par des pentes douces vers l'ouest et vers l'est, détache au nord plusieurs mouvements de terrain, de forme très allongée, et dont l'un atteint la Scarpe à hauteur du village de Pelves. Vers le sud, un autre éperon plus large et de pentes encore moins sensibles descend vers Guémappes, dans la vallée du Cojeul.

Les abords de cette position sont découverts. Du point très dominant de Monchy la vue s'étend nettement jusque vers les faubourgs d'Arras. Appuyée à Pelves et à la Scarpe, l'aile droite est très forte; la rivière, assez profonde déjà, bordée de tourbières et de marais étendus, est un excellent point d'appui. L'aile gauche est moins sûre : le petit village de Guémappes, dominé de différents côtés, n'a pas de valeur défensive. En outre, le Cojeul est un cours d'eau insignifiant, aujourd'hui presque toujours à sec; Turenne ne pouvait compter sur lui pour couvrir sa gauche.

L'un des principaux avantages de la position de Monchy était de tenir les deux routes de Cambrai et de Douai à Arras. La première passait au milieu du village et était coupée par les lignes françaises; la seconde longeait la Scarpe à quatre kilomètres environ au nord de Pelves et pouvait être aisément interdite à l'ennemi.

Enfin l'armée, dans les lignes de Monchy, à une étape de La Bassée et de Bapaume, était à portée de recevoir aisément des renforts : sa situation, à moins de cinq kilomètres des lignes de circonvallation espagnoles, devait lui permettre d'inquiéter gravement la conduite du siège d'Arras.

Turenne couvrit son camp de la façon suivante : Trente-six redans, à 120 toises (240 mètres) au plus l'un de l'autre, formaient, de Pelves à Guémappes, une ligne courbe de cinq kilomètres environ de développement. Leurs intervalles étaient remplis par un retranchement de faible relief; chacun d'eux avait une garnison permanente de trente hommes avec un officier.

Un ouvrage bastionné, dans lequel était placée toute l'artillerie, couvrait Monchy, point d'appui principal des lignes.

Quant aux troupes des deux maréchaux, elles étaient ainsi réparties : le corps de La Ferté occupait la droite, de Monchy à Pelves, et celui de Turenne la gauche, de Monchy à Guémappes.

La cavalerie de La Ferté était disposée sur deux lignes, l'une de 24 et l'autre de 18 escadrons; l'infanterie, 8 bataillons, aux deux ailes. Turenne avait également 24 escadrons en première ligne et 18 en seconde; son infanterie était aux deux ailes et au centre (13 bataillons).

La réserve (7 escadrons), commandée par le comte de Lille-bonne, campait à l'est de Monchy, auprès du quartier général de Turenne; celui de La Ferté était à Pelves[1].

Pour se couvrir sur leurs deux ailes, les Français mirent des garnisons dans plusieurs châteaux des environs, notamment ceux de Biaches, sur la Scarpe, et de Neuville-Vitasse, entre les chaussées de Cambrai et de Bapaume.

Enfin les lignes étaient gardées à distance par la cavalerie, qui surveillait attentivement le chemin de Douai, de façon à gêner la marche des convois espagnols.

Dès son arrivée à Monchy, Turenne donnait au gouverneur d'Hesdin l'ordre d'enlever Saint-Pol. En interdisant aux Alliés la plus sûre de leurs lignes de communication, la prise de cette petite place aurait rendu à peu près impossible la continuation du siège d'Arras. Mais, soit par souci de ses intérêts personnels, comme le dit Turenne, soit en raison de la faiblesse de sa garnison, le gouverneur d'Hesdin ne voulut pas risquer cette entreprise : elle fut provisoirement ajournée.

Le 18 juillet, La Ferté faisait jeter sur la Scarpe, aux abords de Pelves, des ponts que l'on achevait la nuit suivante. Le même jour, le comte de Broglie arrivait à Rœux, au nord de la rivière, avec 3,000 hommes et 11 pièces tirées de La Bassée ou de Béthune. Sa jonction avec les deux maréchaux était assurée; mais, sur l'ordre de Turenne, il marchait le 19 vers Lens, à mi-chemin entre la Scarpe et Béthune, pour s'établir à la garde

---

[1] Le total représentait 14,000 à 15,000 hommes (Duc D'AUMALE, ouvrage cité). Les nombres des bataillons et d'escadrons ont été déterminés d'après les Mémoires d'York, de Turenne, etc. Ils ne concordent pas avec ceux figurant sur le plan du camp de Monchy, gravé en 1655 par le sieur de Beaulieu, sur l'ordre du roi. Voir la reproduction ci-contre.

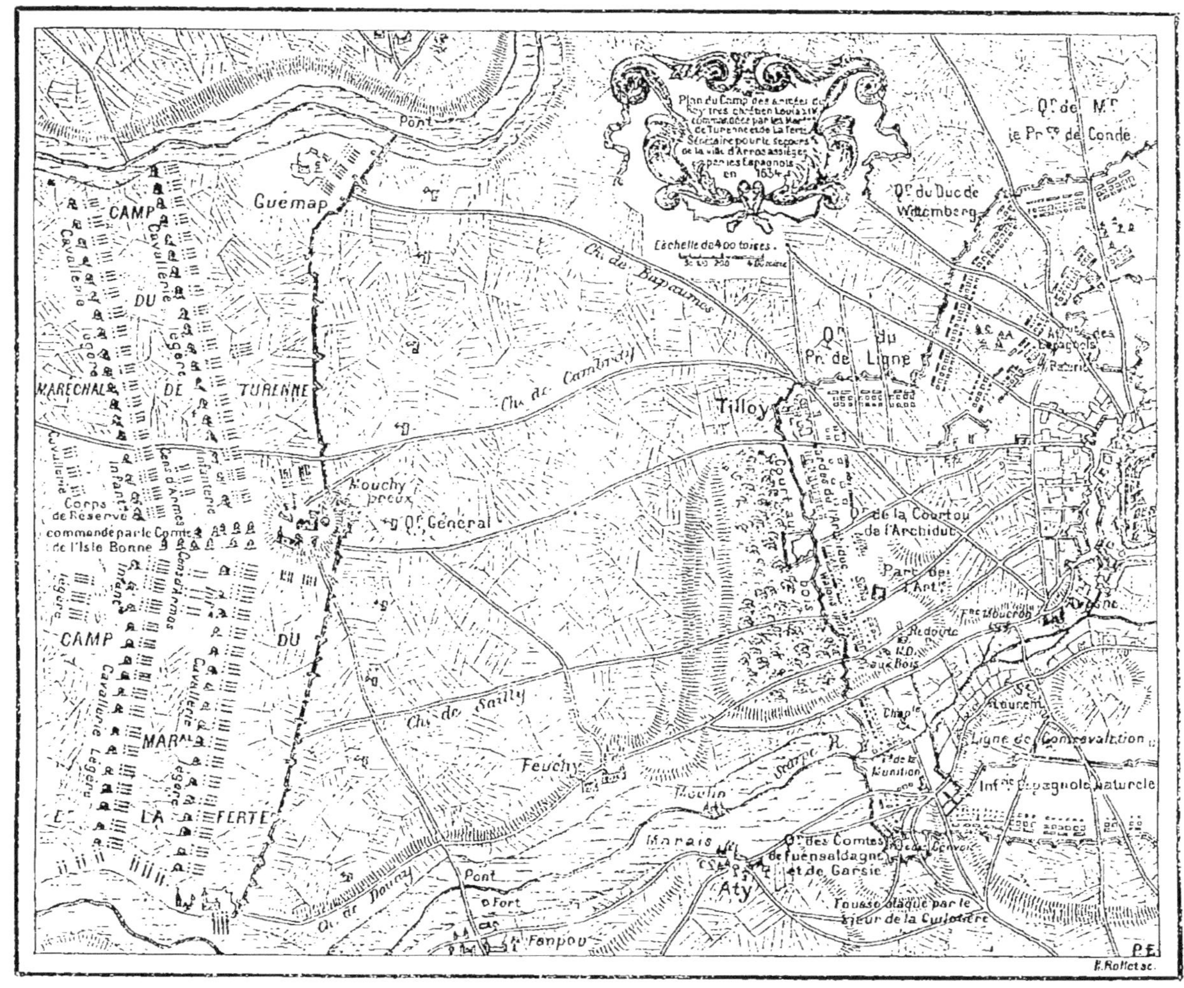

de l'une des routes par laquelle l'ennemi aurait pu diriger ses convois.

Cependant, dès le début du siège, les Espagnols avaient éprouvé de très grandes difficultés à se ravitailler, malgré toutes les dispositions prises par l'archiduc et le voisinage de sa base d'opérations. Valenciennes et ses environs devaient lui fournir chaque jour 2,000 rations de pain et une certaine quantité de farine. Tournai, Lille, d'autres villes voisines, avaient à livrer également des vivres, destinés à être transportés surtout par l'Escaut et la Scarpe. Mais la présence de Turenne à Monchy rendait cette dernière voie impraticable, et il fallait recourir au chemin de Douai à Arras, souvent inquiété par nos coureurs.

La période active du siège n'en avait pas moins commencé, malgré plusieurs sorties exécutées avec une grande énergie. Nous avons dit que la tranchée fut ouverte dans la nuit du 14 au 15 juillet. Cette nouvelle, portée à Turenne, hâta son départ de Péronne pour Monchy.

L'arrivée de l'armée en ce dernier point, connue aussitôt des généraux alliés, motivait la réunion immédiate d'un conseil de guerre. Condé réclamait l'attaque du camp des deux maréchaux : à portée d'un ennemi aussi rapproché, le siège d'Arras lui semblait être appelé à un complet insuccès. En outre, dans le cas où Stenay succomberait bientôt, sa chute permettrait à l'armée du roi de se renforcer sensiblement, en rendant la levée du siège encore plus probable.

Fuensaldaña combattit énergiquement cette opinion, faisant remarquer que, devant une garnison comme celle d'Arras, il serait difficile de maintenir l'investissement tout en livrant bataille à l'armée des maréchaux. Cette raison parut péremptoire au reste du conseil; d'ailleurs les Alliés comptaient, non sans raison, sur l'énergie du gouverneur de Stenay, le comte de Chamilly, et ils espéraient que sa défense serait pour le moins aussi longue que celle de Montdejeu[1]. Il fut résolu que l'on continuerait le siège.

---

[1] Le comte de Ligniville et le duc de Wurtemberg appuyèrent seuls l'avis de Condé (*Mémoires de Beauveau*); duc d'AUMALE, *op. cit.* — La situation de Condé était alors d'autant plus délicate qu'il s'y joignait des embarras financiers : « ...Je me vois réduit à la dernière misère. De quelque côté que je me tourne, je ne vois que des gens qui me demandent de l'argent et à qui j'en

Les deux partis qui s'offraient à l'archiduc avaient, il faut le reconnaître, de graves inconvénients, quoique celui de l'attaque immédiate fût encore préférable. Les chances de prendre Arras, au lieu de s'accroître avec le temps, diminuaient chaque jour. C'était le résultat de la faute commise dans la conception première du plan de campagne, conception qui avait conduit les Alliés à assiéger une place, avant que l'armée opposée n'eût été mise hors d'état d'intervenir. Cette erreur allait être durement punie, nouvelle confirmation du principe qui veut que le principal objectif d'une armée doive toujours être l'anéantissement de l'adversaire et non la conquête d'un obstacle inerte, d'une place, si importante qu'elle soit.

Malgré l'ouverture du feu des assiégeants, le 18 juillet, la garnison continuait de défendre pied à pied le terrain des attaques. Dès le 19, une sortie repoussait les travailleurs et la garde de tranchée jusque dans le camp ennemi. Le sieur de Bar, lieutenant-général de jour dans l'armée de Turenne, saisissait cette occasion et poussait sur l'ennemi à la tête des gardes avancées : il refoulait les Espagnols, qui perdaient un certain nombre d'hommes.

Le 23 juillet, les troupes royales attendaient un convoi venant de Bapaume. Le prince de Condé, qui en avait été informé, envoyait 1500 chevaux pour l'enlever; mais le sieur de Bar étant allé au-devant de lui avec des forces au moins équivalentes, les Alliés se bornaient à cette démonstration.

Deux jours après, nouvelle escarmouche entre les avant-postes des deux armées. De Puitsmarets, qui commandait ceux de Turenne, repoussait par deux fois les assiégeants dans leurs lignes, en faisant des prisonniers. A la même date (25 juillet) les troupes royales subissaient un échec assez sérieux. Le lieutenant général de Beaujeu avait été envoyé de Béthune vers Saint-Pol avec 1200 chevaux et quelque infanterie, afin d'enlever un convoi allant d'Aire aux lignes des assiégeants. Arrivé en un point favorable, il se mettait en embuscade, mais sans se couvrir lui-même.

---

dois de toutes les manières. Ma femme et mon fils n'ont pas de pain, et il a fallu qu'ils ayent vendu leurs chevaus de carrosse pour vivre, après avoir vendu le peu de vaisselle d'argent qui leur restait, et ma femme mis en gage jusques à ses habits. » (Lettre de Condé au comte de Fiesques, 20 juin 1654, *Archives de Condé*, reproduite par le duc d'AUMALE, *op. cit.*, t. VI, p. 672.)

Il était surpris, ses escadrons étant pied à terre, par un corps ennemi de même force, aux ordres du mestre de camp Drouot. Les cavaliers du roi tombaient dans le plus grand désordre, et Beaujeu était tué en cherchant à les rallier. Pourtant l'ennemi, ne sachant à quel nombre il avait affaire, se retirait sans tirer parti de son avantage, et le détachement français en était à peu près quitte pour la perte de son chef. Il rentrait à Béthune, tandis que les Espagnols renforçaient la garnison de Saint-Pol et mettaient cette petite place à l'abri d'un coup de main [1].

Des escarmouches de ce genre se produisaient journellement entre les deux armées; les convois des Alliés étaient fréquemment enlevés et les vivres devenaient rares dans leur camp. Dès la fin de juillet, le pot de bière s'y vendait 40 sols et le pain de munition de 24 onces, 15 sols.

C'est à ce moment du siège que se place sans doute la singulière aventure qui suit. Elle a été très souvent contée, peut-être en raison du jour qu'elle jette sur plusieurs points des mœurs militaires de l'époque [2].

Une nuit, les vedettes de Turenne aperçurent une grande lueur qui illumina subitement l'horizon du côté de la Scarpe et disparut aussitôt. On s'enquérit et l'on reconnut d'abord qu'elle venait du chemin de Douai à Arras. Puis, des informations prises, il résulta qu'un régiment de cavalerie alliée, fort de 120 *maîtres* (cavaliers), avait été envoyé de Douai au camp de l'archiduc. Tous les cavaliers, officiers et soldats, portaient un sac de poudre en croupe. De plus, 80 chevaux chargés de grenades et conduits en main par des paysans requis, accompagnaient ce convoi.

Chemin faisant, l'un des officiers de l'arrière-garde aperçoit un cavalier avec sa pipe allumée; il accourt, l'enlève adroitement pour la jeter à terre et donne quelques coups de plat de sabre à l'imprudent. Ce dernier, ivre sans doute, prend un pistolet et ajuste l'officier qui saute à bas de son cheval, en se couvrant de lui. L'homme tire et met le feu au sac de poudre, qui enflamme successivement les autres. Presque tous les hommes et tous les chevaux du convoi sont horriblement brûlés et meurent peu après;

---

[1] P. IGNACE, *Additions*, t. II.
[2] Le duc d'York dans ses *Mémoires*, Napoléon dans ses *Commentaires* en font mention, sans parler d'une foule d'autres.

quelques-uns sont ramenés vivant encore au camp de La Ferté.

Cependant le comte de Broglie n'avait pas renoncé à s'emparer de Saint-Pol, suivant les ordres de Turenne. Dès les premiers jours d'août il se portait sur ce poste avec 400 chevaux et autant de fantassins. Mais la garnison avait été renforcée d'un régiment de Croates; de plus, avant d'arriver à Saint-Pol, les Français tombaient dans une embuscade, où la plupart de leurs cavaliers étaient blessés ou pris. Broglié, blessé lui-même, rentrait à La Bassée.

Turenne n'en cherchait pas moins à rendre de plus en plus difficiles les communications de l'archiduc et à « assiéger les assiégeants », suivant l'expression de Mazarin[1]. Il avait envoyé le mestre de camp d'Espence avec 600 chevaux vers Bapaume. M. de Lillebonne, maréchal de camp, était à Pernes, à mi-chemin entre Béthune et Saint-Pol, avec quelque cavalerie. Enfin le comte de Broglie demeurait toujours vers Lens, pour surveiller les chemins venant de Lille et de Douai.

En face d'un ennemi plus actif, Turenne n'aurait pu risquer une pareille dispersion de ses forces. Mais les Alliés n'étaient nullement d'accord sur le tour à donner aux opérations. La fougue et le coup d'œil de Condé étaient annihilés par le formalisme de Fuensaldaña, par l'inertie de l'archiduc. On continuait le siège, surtout parce qu'on l'avait entrepris et qu'il en eût coûté d'y renoncer.

Quoi qu'il en soit, le système de surveillance organisé par Turenne, complété par des fourrages et de petites opérations journalières, atteignait son but et rendait les privations de plus en plus sensibles dans l'armée de l'archiduc.

Cependant, Montdejeu, dans les avis qu'il faisait parvenir aux maréchaux, affectait d'être plus pressé par l'ennemi qu'il ne l'était réellement. Sur ses instances, Turenne décida de livrer bataille dans la nuit du 10 au 11. Mais, à ce moment, il apprit la prise de Stenay : le comte de Chamilly avait fait battre la chamade le 5 août.

Cet événement, tant désiré par le cardinal, allait permettre de

---

[1] *Lettre à Servien et à Fouquet*, 22 août 1654 (CHÉRUEL, ouvrage cité, t. II, p. 176.)

renforcer notablement les troupes d'Artois. Louis XIV et Mazarin se rendirent aussitôt à La Fère ; le comte de Moret prit les devants et alla conférer à Péronne avec Le Tellier, puis, au camp de Monchy, avec Turenne et La Ferté. Le cardinal espérait renforcer ces deux maréchaux de 1600 chevaux et de 5,000 hommes de pied [1]. Mais une question de personnes l'arrêtait : il désirait savoir si la présence du maréchal d'Hocquincourt à la tête de ces renforts ne mécontenterait ni Turenne ni La Ferté [2].

Turenne répondit qu'il croyait, comme son collègue, qu'il ne pourrait y avoir trop de troupes, ni trop de chefs dans une affaire aussi importante [3]. La seconde partie de cette affirmation dépassait sans doute sa pensée ; mais le maréchal donnait là une grande preuve de son esprit de conciliation. Contre toute apparence, il n'eut pas trop à s'en repentir.

Le 6 août 1654, les renforts destinés aux deux maréchaux quittaient Stenay sous le commandement provisoire du lieutenant-général de Grandpré. Ils se composaient surtout des gardes françaises et suisses, et atteignaient à peu près l'effectif prévu par Mazarin. Grandpré avait reçu ordre de hâter sa marche et d'être, le 11 août, à Ribemont, où il passerait l'Oise [4]. Il y serait seulement à deux petites étapes de Péronne, d'où il pourrait rejoindre l'armée des maréchaux en un jour ou deux, le 14 ou le 15 août.

Le cardinal cherchait à renforcer Turenne d'une autre manière : il prescrivait au duc d'Elbeuf de rassembler la noblesse de Picardie pour la conduire au secours d'Arras. Mais cet appel renouvelé du Moyen-Age donna peu ou point de résultats.

Tout ce qu'il restait de troupes disponibles avait rejoint ou

---

[1] *Lettre à Le Tellier*, 7 août 1654. (CHÉRUEL, ouvrage cité, t. II, p. 168.)

[2] On voit que, il y a deux siècles, les questions de personnes, les jalousies dans le haut personnel de l'armée exerçaient une action aussi marquée qu'elles le firent beaucoup plus tard, sous le premier Empire par exemple. Il suffit de citer les guerres d'Espagne.

[3] *Mémoires de Turenne.*

[4] L'historien Chéruel commet à ce propos une erreur évidente en faisant passer (ouvrage cité, p. 168) M. de Grandpré par Montcornet (arrondissement de Mézières) au lieu de Montcornet (département de l'Aisne). La seule inspection de la carte suffit à montrer que l'itinéraire des troupes royales a dû être Stenay, Vouziers ou Le Chêne, Rethel, Montcornet, Marle, Ribemont. Le Montcornet des Ardennes est à plus de 80 kilomètres en ligne droite de Ribemont, ce qui rend impossible la présence de Grandpré dans ces deux points les 9 et 11 août.

allait rejoindre l'armée. Le duc de Longueville et la plupart des maréchaux y détachaient leurs compagnies de gardes : celles du cardinal et de la reine-mère marchaient avec Grandpré.

D'après les vues de Mazarin, conformes en cela à celles de Turenne, on chercherait d'abord à affamer l'ennemi dans ses lignes. Si Arras n'était pas trop vivement pressé, les Alliés seraient peut-être contraints, de cette façon, à lever le siège ; Sinon, il faudrait les attaquer et le cardinal s'y montrait résolu, si les secours venant de la Meuse arrivaient à temps [1].

Tandis que Grandpré amenait sur la Somme son petit corps d'armée, le siège d'Arras se continuait lentement, malgré tous les efforts des Alliés. Montdejeu se défendait pied-à-pied, tentant à tout instant de reconquérir par des sorties ce qu'il avait dû abandonner la veille et ne laissant pas un moment de répit aux troupes d'Espagne.

De leur côté, Turenne et La Ferté poursuivaient leurs petites opérations autour d'Arras et gênaient toujours davantage le ravitaillement des Alliés. Chaque nuit une reconnaissance de 500 à 600 chevaux était envoyée du camp de Monchy vers Douai, de manière à surveiller le mouvement des convois que l'ennemi aurait pu diriger sur les lignes, par le nord de la Scarpe.

Le 6 août, ce détachement, aux ordres du marquis de Cœuvres, rencontrait 400 chevaux chargés de poudre et de projectiles, menés par des paysans requis, sous l'escorte de quatre escadrons. Le convoi était mis dans un complet désordre et perdait 100 chevaux [2].

Quelques jours après, 11 août, 3,000 chevaux, 1,000 fantassins et 3 pièces étaient dirigés du camp de Monchy sur Douai et venaient insulter cette place. Puis ils s'emparaient de trois petites redoutes, construites par les Espagnols, à Lambres, Férin et Goeulzin, le long de l'emplacement actuel du canal de la Sensée. Cette opération avait sans doute pour but de permettre aux troupes royales de s'étendre sans difficulté au sud de Douai pour leurs fourrages [3].

Cependant les renforts venant de Stenay atteignaient Péronne,

---

[1] Lettre du 7 août à Le Tellier déjà citée.
[2] P. IGNACE, *Additions*, t. II.
[3] *Ibid.*, t. VII.

où le maréchal d'Hocquincourt[1] en prenait le commandement.
Le 15 août, il quittait Péronne et se rendait à Miraumont, au
sud-ouest de Bapaume. Le lendemain, il se portait sur Rivière
avec l'intention de s'y fortifier, en face du camp des Alliés, dans
une position à peu près symétrique de celle occupée par ses deux
collègues à Monchy-les-Preux. Cette marche d'un détachement
aussi faible à portée de l'ennemi aurait pu devenir dangereuse,
vis-à-vis d'un autre adversaire que l'archiduc. La tentation de
profiter de l'éloignement des deux fractions de l'armée royale
pour écraser la plus faible, devait être, en effet, bien grande. La
masse des troupes alliées les isolait l'une de l'autre. Mais, des
généraux du roi d'Espagne, Condé, seul, était à même de concevoir
et d'exécuter une opération de ce genre ; il n'avait, en aucune
façon, la liberté de ses mouvements[2]. Turenne donna donc son
approbation au plan d'Hocquincourt et lui envoya 5 escadrons
commandés par le mestre de camp d'Espence[3], tandis que lui-
même se mettait en marche avec 15 escadrons et 2 compagnies
de dragons, près de 1200 chevaux, pour couvrir la marche de
son collègue et son établissement à Rivière.

Les premières troupes d'Hocquincourt y arrivaient à peine que
Turenne reçut une nouvelle importante : le soir précédent, le
comte de Bouteville avait quitté les lignes espagnoles avec

---

[1] Charles de Monchy, maréchal d'Hocquincourt, né en 1599, se distingua
à La Marfée, à Villefranche et commanda l'aile gauche française à Rethel. Il
passa aux Espagnols quelques années après et fut tué en 1658 comme gouverneur de Dunkerque. « C'est un homme vaillant et de grand cœur, un franc
Picard, un bon ami, mais léger, facile à dégoûter, et surtout incapable de
maîtriser son penchant pour les femmes. » (*Mémoires de M*^{me} *de Motteville*)

[2] Duc d'Aumale, *op. cit.* t. VI, p. 403. Pourtant d'après une lettre de Condé
à Fuensaldaña, *Archives de Condé*, reproduite par le duc d'Aumale, t. VI,
p. 731, Condé était partisan de la défensive pure : « Les ennemis ne peuvent
avoir que, de trois desseins, l'un : d'attaquer les lignes de force, de se
venir poster tout contre et nous canoner, ou d'affamer le camp, M. de
Turène et de La Ferté demeurant où ils sont, et le corps qui vient de Stenay, fortifié de quelque cavalerie, s'allant poster du costé d'Aire et prenant
Saint-Pol et le mont Saint-Éloi. Pour remédier à tout il me semble qu'il fault
que tout le monde travaille aus lignes, à les mestre en état de n'y rien craindre, faire des espolements contre le canon de distance en distance, et faire
mettre encor un convoy dans le camp sans perdre de temps, avent que l'armée de Stenay arive, conserver le mont Saint-Éloi ou le faire sauter, faire
provision de fourages, voilà mon advis... »

[3] Ce dernier avait été envoyé avec 600 chevaux vers Bapaume (voir plus
haut).

24 escadrons, pour se rendre à Saint-Pol; on attendait alors, dans cette petite ville, un grand convoi escorté par 3,000 fantassins et 400 ou 500 chevaux tirés de toutes les garnisons espagnoles du voisinage.

Aussitôt, d'Hocquincourt jetait dans les bois son infanterie, son canon, ses bagages; avec Turenne et leur cavalerie, il se portait sur Aubigny, où ils arrivaient dans la nuit du 16 au 17 août. D'après les rapports de quelques prisonniers, le convoi espagnol était encore à Saint-Pol [1]. Il fut convenu que l'infanterie d'Hocquincourt se porterait avec l'artillerie sur Estrées-Wamin dès la pointe du jour. La cavalerie des deux maréchaux revint s'établir à Avesnes-le-Comte, pour couvrir la marche du reste des troupes vers Saint-Pol.

Sur ces entrefaites, de nouveaux renseignements décidèrent Turenne et d'Hocquincourt à brusquer l'attaque de cette petite ville. Ils se portèrent sur elle le jour même, d'Avesnes-le-Comte, et l'enlevèrent aussitôt en capturant la garnison. Mais déjà le convoi attendu était reparti pour Aire sous l'escorte de Bouteville, et le but principal de l'opération ne pouvait plus être atteint.

Le 18 août, le reste des troupes d'Hocquincourt atteignait Saint-Pol. On y laissait une petite garnison, et Turenne se mettait en relation avec le comte de Broglie, qui avait à Pernes 2,000 chevaux et autant d'infanterie. Cet officier général s'était même emparé des châteaux de Camblain-Châtelain, d'Anvin, de Division et d'Houdain, où il avait mis de petites garnisons, se montant en tout à 500 hommes.

Le soir du 18 août, les escadrons de Turenne et d'Hocquincourt revenaient à Aubigny, avec l'intention de se diriger sur Rivière où le second de ces maréchaux comptait encore s'établir. Turenne, qui était à l'avant-garde, poussait quelques fourrageurs vers les lignes espagnoles; pour observer celles-ci de plus près, il s'avançait jusqu'au camp de César, au confluent du Gy et de la Scarpe.

Ce camp, dont une partie existe encore aujourd'hui [2], lui parut dans une situation très avantageuse : il dessine avec les deux

---

[1] TURENNE, *Mémoires*; P. IGNACE, *Additions*, t. II.

[2] Ce sont d'énormes masses de terre, ayant plutôt l'aspect de buttes allongées que de fortifications.

cours d'eau une sorte de triangle équilatéral, d'une défense très facile. Turenne pria d'Hocquincourt de s'avancer jusque-là, en renonçant à s'établir aux environs de Rivière. Il serait ainsi plus rapproché encore des lignes espagnoles, à moins de deux kilomètres d'elles, dans une position assez forte pour ne pouvoir être enlevée sans une lutte sérieuse ; il serait en outre à portée des chemins de Saint-Pol, du mont Saint-Éloi et de Souchez, par lesquels l'ennemi avait jusqu'alors transporté une partie de ses vivres. Mais il était indispensable d'enlever tout d'abord aux Espagnols l'abbaye du mont Saint-Éloi, très voisine du camp de César et qu'ils occupaient depuis l'investissement d'Arras.

Le lendemain, 19 août, Turenne passait la Scarpe avec la cavalerie d'Hocquincourt et la sienne ; puis il se portait entre les lignes espagnoles et le mont Saint-Éloi, vers Mareuil, de manière à couvrir l'attaque dirigée à ce moment sur l'abbaye par l'infanterie de son collègue.

Les Alliés y avaient établi une ambulance, sous la garde d'une petite garnison. L'abbaye, entourée d'un mur d'enceinte et dans une situation dominante, constituait un poste assez fort. A l'intérieur de la première muraille s'en élevait une seconde, en bon état et flanquée de tours rondes.

L'ennemi fit mine de défendre le mur extérieur, puis se retira rapidement vers l'abbaye, tandis que les troupes royales pratiquaient des embrasures dans ce mur et y amenaient du canon. Mais il était trop loin de la seconde muraille pour y faire brèche. Les gardes françaises et suisses se glissèrent alors derrière une allée d'arbres et à l'abri des murs d'un enclos, jusqu'à portée de pistolet de l'ennemi. De là elles dirigeaient un grand feu sur les meurtrières, tandis que des mineurs allaient s'attacher au mur, en se couvrant de madriers.

Sur un autre point, le régiment de la marine venait se loger derrière une levée de terre, au pied même de la tour battue par l'artillerie, qu'on avait fait avancer à portée de brèche dans l'intervalle. Les assiégés, 500 hommes environ, se rendirent aussitôt. D'après une lettre de Mazarin [1], la prise du mont Saint-Éloi et des autres postes coûtait à l'Espagne près de 1000 prisonniers.

---

[1] Lettre à Servien et à Fouquet mentionnée par CHÉRUEL, ouvrage cité, t. II, p. 176.

Depuis plusieurs jours, les Alliés connaissaient l'arrivée de nouvelles troupes royales. Condé avait aussitôt proposé à l'archiduc de les attaquer, dût-on pour cela lever le siège [1]. Il pensait qu'une victoire, même partielle, effacerait le fâcheux effet produit par cet échec, désormais possible, sinon probable. La situation des Alliés allait, en effet, devenir de plus en plus délicate, avec un ravitaillement incomplètement assuré et devant un ennemi dont les forces s'étaient notablement accrues. L'archiduc ne se laissa pas convaincre et persista à attendre passivement dans ses lignes la reddition d'Arras.

Cependant Hocquincourt s'établissait dans le camp de César, où il se fortifiait, et Turenne se disposait à regagner Monchy avec ses 2,000 chevaux. Il décida de mettre ce mouvement à profit pour reconnaître les lignes vers le nord. Malgré l'imprudence apparente qu'il y avait à défiler si près d'un ennemi aussi supérieur en nombre, il alla droit vers le camp des Alliés en quittant le mont Saint-Éloi, puis le longea ensuite de l'ouest à l'est, à une petite portée de canon, de façon à examiner ses abords en détail.

Cette marche audacieuse lui permit de s'assurer de la disposition des lignes ; elles paraissaient fort peu garnies dans leur partie nord, du côté du quartier de don Francisco de Solis.

Dans la cavalerie de Turenne, tous n'avaient pas compris le but du maréchal, et le duc d'York raconte que cette occasion fut la seule où il eût entendu les troupes françaises murmurer contre lui. On l'accusait de sacrifier ses soldats sans nécessité, et les hommes ou les chevaux que renversaient les boulets espagnols semblaient donner raison à ces plaintes. Même dans son entourage on s'étonnait : « Je ne ferais pas une telle imprudence devant les quartiers de M. le Prince, répartit Turenne, mais je défile devant ceux des Espagnols ; je connais leur esprit de subordination, leur respect de l'étiquette ; avant qu'on n'ait pu arriver jusqu'à l'archiduc et obtenir de lui l'ordre de m'attaquer, je serai loin. » Tel fut en effet le cas : Condé le conta plus tard au duc d'York [2].

---

[1] TURENNE, *Mémoires.*

[2] *Mémoires* du duc d'York, de Turenne ; *Commentaires de Turenne*, par Napoléon.

Avant d'atteindre le camp de Monchy[1], Turenne, sur des rapports d'espions ou de prisonniers, avait fait avertir La Ferté que le convoi escorté par Bouteville chercherait à entrer la nuit suivante dans les lignes espagnoles.

En effet, Bouteville, revenu à Aire avec son convoi, reprenait la route de Lille, en repartait pour Douai et réussissait à gagner le camp de l'archiduc à l'entrée de la nuit, le 19 août. La cavalerie de La Ferté s'était pourtant mise en selle dès la réception de l'avis de Turenne; mais la faute d'un officier placé aux avant-postes, qui ne signala pas l'approche de l'ennemi, permit à celui-ci d'atteindre les lignes des Alliés.

L'arrivée de ce convoi améliorait notablement la situation des assiégeants, en les pourvoyant de grandes quantités de poudre et de grenades, dont ils commençaient à manquer. Peut-être même, sans cette circonstance, auraient-ils été contraints de lever le siège[2].

Nous avons dit que Turenne avait eu le projet d'attaquer les lignes d'Arras dans la nuit du 10 au 11 août. Des avis rassurants parvenus de la place et l'annonce de la prise de Stenay l'y firent renoncer provisoirement.

---

[1] M. le duc d'Aumale, dans l'ouvrage que nous avons plusieurs fois cité, donne de cet intéressant épisode un aperçu qui n'est point rigoureusement exact, ainsi qu'on s'en convaincra facilement. Le prince paraît avoir obéi involontairement à la tendance de mettre en lumière le rôle de Condé aux dépens de celui de Turenne : « ...Bientôt l'armée de secours se mit en mouvement tout entière, exécuta autour de la place une sorte de marche militaire, délogea les Espagnols de Saint-Pol et même du mont Saint-Eloi. Un moment elle s'enfonça dans le sud, tenant la direction de Péronne, puis reparut renforcée par le maréchal d'Hocquincourt, qui apportait les clés de Stenay. Turenne établit ce nouveau contingent (5,000 à 6,000 hommes) au lieu dit le Camp de César, près du confluent de la Scarpe et du Gy; puis il revint jusqu'aux lignes de circonvallation et les « cotoya » lentement à demi-portée de canon, non sans péril et même avec quelques pertes, mais avec grand profit... »
Ces faits paraissent être inexactement présentés. Ce n'est pas *toute l'armée* qui se mit en mouvement vers Saint-Pol, mais quelques escadrons avec Turenne. Ce dernier rallia d'Hocquincourt avant de se porter sur Saint-Pol, et non après avoir délogé les Espagnols de cette ville. Son but n'était pas d'exécuter une *marche militaire*, mais d'aller au-devant de d'Hocquincourt. La marche sur Saint-Pol fut déterminée par les raisons les plus sérieuses, l'approche de Bouteville et de son convoi. Ces opérations étaient beaucoup moins imprudentes, elles laissaient beaucoup moins à l'imprévu qu'il ne le semblerait d'après M. le duc d'Aumale.

[2] P. Ignace, *Additions*, t. II.

Un peu plus tard, vers le milieu du mois, des lettres, que Turenne laissait avec intention tomber aux mains de l'ennemi, annonçaient une bataille pour le 16 août. Il n'en fut rien, et cette circonstance, qui devait lasser l'attention des Alliés, ne fut pas sans contribuer à la réussite d'une attaque devenue indispensable.

Elle l'était d'autant plus que la place commençait à manquer de poudre. Ses sorties, si répétées et si vigoureuses qu'elles causèrent, dit-on, à l'ennemi, une perte de 6,000 hommes, du 3 juillet au 14 août, avaient épuisé ses munitions. Chaque jour, l'assiégeant gagnait du terrain, et la situation d'Arras menaçait de devenir promptement désespérée. Montdejeu le fit connaître aux maréchaux, annonçant qu'une résolution hardie était maintenant nécessaire.

Le soldat chargé du billet du gouverneur l'avait avalé après l'avoir introduit dans une balle de plomb. Il réussit à traverser les lignes et parvint ainsi auprès de La Ferté. Comme il ne pouvait rendre la balle aussi vite qu'on l'eût souhaité, le maréchal ordonna tout uniment qu'on lui ouvrît le ventre. Heureusement pour le pauvre messager, la peur fit un tel effet sur lui que toute opération devint à l'instant même inutile [1].

Un conseil de guerre se réunissait donc à Monchy un jour ou deux après le retour de Turenne, pour agiter la question d'où dépendait le sort d'Arras. Turenne et, à sa suite, le duc d'York, le comte de Broglie, opinèrent de la façon la plus énergique pour une attaque immédiate. Les autres membres s'y montrèrent opposés. La Ferté surtout déclarait la chose impossible; quant à d'Hocquincourt, il demandait seulement une démonstration destinée à sauver l'honneur des armes et qui serait suivie de la retraite de l'armée.

Heureusement, l'avis du cardinal était en tout point conforme à celui de Turenne. Non seulement il réclamait la bataille, mais il déclarait « Sa Majesté résolue à continuer ses efforts jusqu'au bout, pour secourir la ville » [2]. Cet avis entraîna la décision finale.

---

[1] Ce trait typique est conté de différents côtés et paraît être rigoureusement exact.

[2] *Lettre au chancelier de France*, 24 août, citée par CHÉRUEL, *op. cit.*, t. II, p. 178.

Des ordres furent donnés aussitôt pour la réunion de claies, d'échelles et d'outils. Turenne avait annoncé l'intention d'attaquer de nuit les lignes des Alliés, et il s'appliquait à donner par avance aux officiers qui l'approchaient les recommandations les plus précises pour éviter tout désordre. Par contre, La Ferté ne craignait pas de recourir aux moyens les moins avouables pour le détourner de son entreprise.

« Un jour, dit le duc d'York [1], il envoya à Turenne un trompette. Cet homme entra brusquement dans la tente du maréchal, en lui disant que M. de La Ferté l'avait chargé de décrire au maréchal les lignes assiégeantes, qu'il venait de voir. Puis, il commença un tableau exagéré des obstacles que les troupes royales rencontreraient dans leur attaque. Turenne l'écouta sans mot dire, puis se borna à le renvoyer en lui disant qu'il l'aurait fait mettre aux fers, s'il n'avait appartenu à M. de La Ferté. »

Si l'accord était loin de régner parmi les généraux du roi, les choses n'allaient pas mieux dans le camp des Alliés. Condé persistait à réclamer une action immédiate et vigoureuse ; il eût voulu surtout qu'on profitât de la répartition des troupes adverses en deux masses établies l'une à l'est, l'autre à l'ouest de la place, séparées par une grande distance, par des obstacles de tout genre, incapables de se prêter appui. Malgré son insistance, on se bornait à des demi-mesures ; on faisait sortir quelques escadrons confiés au comte de Marchin ou à M. de Ligniville. Quand ils rentraient, l'un sans avoir rien pu faire, l'autre sans même avoir rien tenté, leurs rapports devenaient l'objet de discussions sans fin. « Nous ne sommes pas ici pour donner des batailles, mais pour prendre Arras, répétait Fuensaldaña. — Bien, Monsieur, finit par lui dire Condé, bien ! Nous ne donnerons pas la bataille, on nous la donnera ; nous serons battus, et nous ne prendrons pas Arras [2]. »

Sur ces entrefaites, une circonstance fortuite permettait à Turenne d'opérer une nouvelle reconnaissance des lignes espagnoles, dans une toute autre direction que la première. A la suite d'une escarmouche entre deux partis de fourrageurs, le maréchal se dirigeait lui-même, suivi de quelques cavaliers, vers le

---

[1] *Mémoires.*
[2] Duc d'Aumale, *op. cit.*, t. VI, p. 404.

camp de Condé, aux environs de Neuville-Vitasse. Mais le prince faisait aussitôt monter à cheval quatorze escadrons, qui obligeaient Turenne et sa petite troupe à se retirer au plus vite. Les douze escadrons de Lillebonne, qui couvraient les fourrageurs, protégeaient la retraite du maréchal. Mais l'imprudence de quelques jeunes gentilshommes amenait, peu après, une nouvelle escarmouche. Les cavaliers royaux étaient entièrement défaits ; le duc de Joyeuse, colonel général de la cavalerie légère, recevait un coup de feu dont il mourait presque aussitôt ; plusieurs des officiers de la suite de Turenne étaient enlevés par l'ennemi.

Le maréchal n'en tira pas moins de ce petit combat des renseignements précieux. Plus que jamais, il était résolu à livrer bataille sans tarder et à attaquer les lignes des Alliés par le nord, vers les quartiers des Espagnols. Après entente avec ses deux collègues, il choisit pour cette action décisive la nuit du 24 août, veille de la fête du roi. C'était l'anniversaire de l'un des événements les plus tragiques de l'histoire de France, célèbre à tout autre titre, la Saint-Barthélemy.

CHAPITRE IV.

BATAILLE D'ARRAS.

Le champ de bataille. — Voies de communications et lignes de retraite. — Dispositions préliminaires. — Les lignes. — Déploiement de l'armée royale. — Attaque de Turenne. — Attaque de La Ferté. — Contre-attaque de Turenne. — Sortie de Montdejeu. — Attaque de d'Hocquincourt. — Résultats de la bataille. — Réflexions.

Arras est situé au sud de la Scarpe, à son confluent avec le ruisseau du Crinchon, aujourd'hui transformé en égout. La Scarpe n'était pas encore canalisée en 1654. Néanmoins, elle ne pouvait être franchie qu'en un petit nombre de points et formait un obstacle assez sérieux, quoique de peu de largeur (de 6 à 10 mètres).

La rive nord est dominée par une plaine ondulée qui s'élève à 40 mètres environ au-dessus du sol de la vallée. Elle est entièrement découverte, traversée par des vallons à pentes le plus souvent très adoucies et dont la direction générale court du nord-est au sud-ouest. Nulle part, ils ne constituent des obstacles. Les talus à peu près verticaux, qui coupent fréquemment les champs, sont moins faciles à franchir. Ces *rideaux*, suivant l'expression usitée en Picardie, avaient au xviie siècle une importance plus grande que de nos jours, en raison de l'emploi dominant de la cavalerie sur le champ de bataille. Les chemins creux, *creuses* ou *cavées*, sont des coupures du même genre.

Au sud de la Scarpe, le caractère général du terrain reste à peu près le même. Toutefois, en amont d'Arras, ses ondulations sont plus accentuées et, aux portes de la ville, certaines pentes revêtent le caractère de véritables escarpements.

En somme, on peut dire qu'Arras est environné d'une plaine ondulée, qui se transforme peu à peu en une série de collines basses, à mesure que l'on marche vers l'ouest et le sud, tandis qu'au nord et à l'est les accidents du sol prennent de moins en moins d'importance.

L'aspect général diffère peu. Quelle que soit la direction visée, on aperçoit des champs nus, sans haies ni bois pour en rompre la monotonie. Ils sont coupés de quelques chemins creux ; des moulins à vent, très nombreux au xviie siècle, se dressent encore par endroits. Les arbres sont rares, en dehors de ceux qui bordent les chemins. En 1654, les environs d'Arras étaient un peu plus boisés qu'aujourd'hui, mais leurs caractères généraux étaient les mêmes : une plaine ondulée, découverte, de parcourt facile.

Les principales routes menant à Arras, par la rive gauche de la Scarpe, étaient alors la chaussée Brunehaut d'Arras à Thérouanne, ancienne voie romaine passant par Sainte-Catherine, Anzin-Saint-Aubin et au pied du mont Saint-Éloi. Elle constituait l'une des voies de ravitaillement des Alliés, avant la prise de mont Saint-Éloi par d'Hocquincourt.

Le chemin de Béthune et celui de Lens, dont les débouchés appartenaient depuis longtemps aux troupes royales, se bifurquaient à Sainte-Catherine, en laissant entre eux le village d'Écurie. Quant au chemin de Douai, le seul qui fût constamment ouvert aux convois alliés, il passait par Saint-Nicolas, Saint-Laurent, et s'élevait ensuite vers le nord-est, en décrivant une courbe au nord de la Scarpe qu'il rejoignait à Vitry.

Sur la rive droite de cette rivière, le chemin de Cambrai traversait, à Tilloy-les-Mofflaines, le quartier de l'Archiduc et passait ensuite au pied de Monchy-le-Preux où était le camp de Turenne. Le chemin de Bapaume se dirigeait, au sud d'Arras, vers Beaurains et Mercatel ; celui de Doullens allait vers le sud ouest, en passant près de Dainville. Enfin le chemin de Saint-Pol conduisait à peu près vers l'ouest, en traversant le ruisseau du Gy, près d'Étrun, au pied du camp de César. Ces trois routes aboutissaient à des places occupées par des troupes royales.

Des voies qui viennent d'être indiquées, celles de Douai et de Cambrai, seules, pouvaient permettre aux Alliés une retraite parfaitement assurée. Encore la dernière était-elle coupée par le camp de Turenne. Pour que les troupes du roi d'Espagne pussent s'en servir, il fallait que ce camp fût évacué ou qu'il eût été enlevé au maréchal.

Pour les différents corps de l'armée royale, un mouvement rétrograde eût été beaucoup plus aisé : ils avaient à leur disposition les chemins de Bapaume, de Péronne, de Doullens et d'Amiens, de Saint-Pol et d'Hesdin, de Lens et de Béthune. C'était là un avantage incontestable.

La situation mûrement examinée, Turenne arrêtait ainsi son plan d'attaque : les trois maréchaux aborderaient les lignes espagnoles par le nord, de la Scarpe au chemin de Roclincourt. D'Hocquincourt tiendrait la droite, entre la rivière et la chaussée Brunehaut ; Turenne serait au centre, de la chaussée Brunehaut jusque vers Écurie ; La Ferté s'étendrait de ce village aux abords de Roclincourt.

D'après le premier projet admis, il avait été convenu, au contraire, que La Ferté occuperait le centre de la ligne, de manière à éviter un croisement des colonnes, celles dont le camp était le plus éloigné du champ de bataille devant occuper l'aile la plus rapprochée de ce camp. Mais Turenne avait sans doute peu de confiance dans la manière dont son collègue opérerait son attaque ; il décida qu'il occuperait lui-même le centre de la ligne, dont le succès importait le plus [1].

Les troupes de Turenne devaient se mettre en mouvement à

---

[1] Puységur, témoin oculaire, mais dont les récits doivent être accueillis avec défiance, assure que, de la part de Turenne, une mesquine considération d'amour-propre amena seule la modification du plan de bataille.

l'entrée de la nuit ; après avoir longé le camp de La Ferté, elles iraient passer la Scarpe sur les ponts construits près de Pelves ; l'infanterie traverserait celui situé à l'ouest et couvrirait la marche vers la ville ; la cavalerie prendrait les deux suivants ; enfin l'artillerie passerait sur un quatrième. Quant à La Ferté, il suivrait dès la fin du mouvement de Turenne.

Afin de se rendre aux points où elles commenceraient leur déploiement, les troupes de d'Hocquincourt devaient parcourir deux ou trois kilomètres seulement ; celles de Turenne, de treize à quatorze, et celles de La Ferté, de dix à onze.

Pour le déploiement de leurs troupes, les trois maréchaux prenaient les dispositions suivantes : le corps de d'Hocquincourt devait être formé sur trois lignes ; la première, de cinq bataillons, sous les ordres du duc de Navailles ; la deuxième, de quatorze escadrons ; la troisième, de onze escadrons et de quatre bataillons. Ces vingt-cinq escadrons étaient commandés par le lieutenant-général de Grandpré et subdivisés en quatre *corps*.

La réserve de d'Hocquincourt était formée de trois ou quatre escadrons sous les ordres du marquis de Rambures. Enfin le tout était appuyé par dix pièces d'artillerie, suivant en dernière ligne.

Le corps de Turenne était disposé de même : cinq bataillons en première ligne, sous les ordres des comtes de Broglie et de Castelnau ; puis venaient vingt-quatre escadrons sur deux lignes, commandés par les lieutenants généraux de Bar, d'York et d'Esclainvilliers ; huit escadrons, soutenus par six pièces, formaient réserve.

Enfin, La Ferté faisait également précéder son corps de cinq bataillons, suivis de treize escadrons, commandés par le marquis d'Uxelles, et de huit escadrons en troisième ligne, sous les ordres du duc de Chaulnes ; trois escadrons de gendarmerie (grosse cavalerie) marchaient en réserve avec six pièces.

Le total de ces forces atteignait environ dix-neuf bataillons, quatre-vingt-cinq escadrons et dix-huit pièces.

Tandis que cette masse se porterait à l'attaque des lignes espagnoles, trois fausses attaques seraient dirigées sur divers points.

Le marquis de Tracy, avec deux bataillons et trois escadrons, était détaché par Turenne pour attaquer le quartier de Condé, vers Beaurains.

M. de La Guillotière, avec deux bataillons, six escadrons, deux compagnies de dragons et deux pièces prélevées sur le corps de La Ferté, devait faire une démonstration sur le quartier de Fuensaldaña.

Enfin, le maréchal d'Hocquincourt détachait M. de Saint-Jean avec quatre escadrons, pour opérer une diversion vers le camp des Lorrains.

Pour augmenter le front apparent des fausses attaques, Turenne s'avisait d'un procédé qui paraît singulier aujourd'hui : il prescrivait de faire marcher avec elles des fantassins porteurs de longues cordes ; celles-ci seraient garnies de mèches allumées, qui produiraient dans la nuit l'effet d'une ligne d'infanterie prête à combattre.

L'ensemble des troupes consacrées à ces différentes opérations représentait environ vingt-trois bataillons, cent escadrons et vingt pièces. Leur effectif, suivant les évaluations probablement exagérées du cardinal, atteignait 28,000 hommes, dont 4,000 officiers [1], 17,000 hommes de pied, marchant « sur les rangs » et 11,100 chevaux.

Les forces alliées s'élevaient à un chiffre un peu supérieur, même en tenant compte des pertes subies pendant le siège, parce qu'elles avaient reçu des renforts depuis le début de l'investissement. L'avantage numérique était donc pour elles. En outre, leurs lignes constituaient des moyens de défense qui n'étaient nullement à dédaigner, surtout en présence des procédés de guerre alors en usage.

Elles étaient formées d'un fossé isolé, de cinq à six pieds de profondeur et large de huit à neuf. Puis venaient plusieurs rangées de trous-de-loup et de petits piquets. La ligne proprement dite consistait en un second fossé, de mêmes dimensions que le premier, placé au-devant d'un parapet de deux toises environ de hauteur et de huit à neuf pieds de largeur. En outre, certains points étaient renforcés par des ouvrages fermés d'un plus fort profil. Les Alliés avaient là des points d'appui très sérieux et qui

---

[1] *Lettre du 24 août au maréchal de la Meilleraie* (CHÉRUEL, ouvrage cité, t. II, p. 178). On remarquera l'énorme proportion des officiers dans cette armée. D'après la même lettre, le nombre des pièces de canon était de 35, dont 12 de 24 livres, approvisionnées à 4,000 coups. Les pièces du plus fort calibre restèrent naturellement au camp de Monchy.

devaient beaucoup gêner l'action de la cavalerie royale, c'est-à-dire de l'arme dominante, selon les idées du temps.

Par contre, l'archiduc, de par son attitude passive, était obligé d'accepter la bataille sur la partie des lignes qui conviendrait le mieux à son adversaire. Dès le début de l'action, il serait, de ce fait, dans des conditions fort désavantageuses. Enfin, l'immense étendue des lignes (près de six lieues, vingt-quatre kilomètres) et la la présence dans Arras d'une garnison brave et énergiquement commandée concouraient à rendre sa situation générale tout à fait défavorable.

Turenne prit pour l'attaque les dispositions suivantes, qui furent plus ou moins imitées par ses deux collègues. Un certain nombre d'hommes, désignés dans chaque bataillon, étaient porteurs de longues échelles, destinées à servir de ponts. On jetterait sur elles des clayes qui livreraient passage à l'infanterie. La manière de placer ces échelles était minutieusement prévue : on les dresserait verticalement à un pied du fossé, pour les laisser ensuite retomber au-dessus. Pendant ce temps, d'autres hommes, porteurs d'outils, combleraient les trous-de-loups, puis les deux fossés, sous la protection des mousquetaires, qui se tiendraient sur la berme, faisant face à l'ennemi ; on pratiquerait ensuite des passages pour la cavalerie.

En ce qui regarde cette arme, tous les cavaliers, officiers compris, de quatre ou cinq escadrons désignés à l'avance, porteraient les fascines de chaque bataillon. Après avoir jeté leurs fascines au bord du premier fossé, ils feraient volte-face et iraient se mettre en bataille à quarante pas en arrière.

Il était recommandé de ne pas pénétrer dans les lignes sans que le déploiement de l'armée fût suffisamment avancé. On attendrait l'ordre de se porter en avant [1]. Cependant la journée du 24 août s'écoule ; les premières dispositions sont prises avec le plus grand ordre dans les troupes de Turenne et de La Ferté. Avant de se mettre en marche, on fait des prières à haute voix, en tête de chaque bataillon, de chaque escadron. Puis, l'armée s'ébranle par un clair de lune resplendissant, qui facilite beaucoup le passage de la Scarpe et la marche sur Roclincourt.

---

[1] RAY DE SAINT-GENIÈS, *Histoire militaire du règne de Louis le Grand.*

D'autres circonstances favorisent l'entreprise de Turenne : pendant la nuit, la garnison fait une sortie dans la direction des quartiers du prince de Condé ; elle y attire l'attention de l'ennemi. En outre, le corps de Solis, sur lequel vont porter surtout nos attaques, fournit, cette nuit, la garde de tranchée. Il lui reste 300 hommes d'infanterie pour garder 3,000 pas de retranchements [1].

Vers une heure du matin [2], l'armée arrive à une demi-lieue (deux kilomètres) des lignes et son déploiement s'exécute. Jusqu'alors d'Hocquincourt n'a donné aucun signe de vie. A ce moment, il fait dire à Turenne que ses troupes ont été égarées par leurs guides — dans les deux ou trois kilomètres qu'elles devaient parcourir, — et il demande qu'on l'attende. Mais Turenne pense qu'il ne reste pas un instant à perdre ; il fait, sur l'heure, marcher à l'ennemi.

Les mousquetaires ont eu l'ordre de tenir leurs mèches cachées jusqu'auprès des retranchements espagnols ; au moment d'y arriver, à deux cents pas environ, le vent s'élève et fait étinceler les lignes de feu dessinées par l'infanterie royale. Trois coups de canon, le signal convenu, retentissent aussitôt et donnent l'alarme au camp allié. Mousquetaires, porteurs d'outils, de clayes ou d'échelles, traversent rapidement le premier fossé sous un feu vif, mais mal dirigé [3].

Pourtant, notre infanterie est hésitante ; sans ses officiers, sans la cavalerie qui la talonne, elle aurait peine à aborder les lignes. « Jamais, dit le duc d'York, ils ne montrèrent autant de répugnance qu'en cette occasion ». A l'aile gauche, où est le duc, le bruit court un instant que Turenne est blessé et la droite battue. Cette nouvelle se répand rapidement dans les rangs : l'infanterie se montre tellement flottante, que le duc craint une déroute et prescrit aux timbaliers et aux trompettes, près de lui, de sonner. Ces sonneries familières produisent l'effet désiré, en remettant l'infanterie en confiance ; mais elles attirent

---

[1] Duc d'AUMALE, ouvrage cité. Si ces chiffres sont exacts, ils montrent, de la part des Alliés, une imprudence impardonnable,

[2] Duc d'AUMALE. — Turenne (*Mémoires*) dit deux petites heures avant le jour.

[3] Duc d'YORK, *Mémoires*.

le feu de l'ennemi et les escadrons du duc d'York subissent quelques pertes.

Malgré le désordre que cette attaque a jeté dans le camp espagnol et le peu d'effet de la fusillade qui en part, nos troupes hésitent encore. Enfin, quelques hommes réussissent à escalader le parapet. Le capitaine Fisica, du régiment de Turenne, y plante le guidon de sa compagnie. En un instant, il est suivi de beaucoup d'officiers et de soldats.

On couronne une partie des lignes.

Les *Enfants perdus* [1] du même régiment, conduits par le capitaine de Bellefonds, s'emparent, dès le premier élan, d'une barrière formée de deux chariots renversés et ouvrent passage à la cavalerie. Turenne, aussitôt prévenu, donne l'ordre de faire entrer dans le camp espagnol une partie de l'aile gauche, conduite par M. d'Esclainvilliers. Ces deux escadrons sont suivis par d'autres.

Plus à droite, les régiments de Picardie et de La Feuillade pratiquent une ouverture par laquelle entrent également trois régiments de cavalerie : ceux de Gesvres, de La Villette, de Clérambault. On est alors fort peu avant le jour. Turenne a donné les recommandations les plus sévères pour que la cavalerie, une fois dans les lignes, se reforme en avant de celles-ci, sous la protection de l'infanterie, qui restera en bataille sur les retranchements conquis. Mais la joie et l'espoir du butin ont promptement mis le désordre dans nos troupes. L'infanterie se rue sur les tentes pour les piller, et la cavalerie poursuit quelques groupes ennemis en fuite vers le camp des Lorrains.

D'ailleurs, au centre et à gauche de l'armée royale, la situation est moins brillante. La Ferté a trouvé devant lui plus de résistance et n'a pu forcer les lignes ; l'ennemi, renforcé par les troupes de Garcies et de l'Archiduc qui commencent d'affluer, arrive à la barrière ouverte par d'Esclainvilliers et la reprend en culbutant un escadron qui la franchissait. Le duc d'York est contraint d'appuyer vers la droite pour soutenir les quatre escadrons déjà passés.

Mais ce premier retour offensif des Espagnols n'a pas d'autre

---

[1] La première origine de nos éclaireurs actuels, qui ont déjà si souvent changé de nom, sans que leur mission se soit modifiée dans ses grandes lignes.

conséquence fâcheuse. Bout-de-Bois [1], colonel du régiment de La Feuillade, fait mettre le feu aux barraques voisines, et cette lueur permet aux assaillants de se remettre un peu en ordre. Une foule de petits combats n'en continuent pas moins çà et là. Le duc d'York, avec un escadron seulement du corps de Turenne, pénètre dans les lignes et se dirige vers le camp des Lorrains, après avoir passé la Scarpe, en amont d'Arras. Quatre ou cinq escadrons ennemis apparaissent, rangés en bataille. Il demeure devant eux avec ses cavaliers, trop peu nombreux, pour qu'il risque une attaque. Mais quelques soldats débandés ont pénétré dans la tente du duc de Lorraine, et le bruit argentin des pièces de monnaie qu'ils puisent dans les coffres ne tarde pas à en attirer d'autres. En un instant, les deux escadrons du duc d'York se dispersent et il reste à peu près seul.

A ce moment, les Lorrains s'ébranlent enfin et achèvent de mettre ses cavaliers en désordre. Heureusement, d'Hocquincourt entre alors dans cette partie du camp ennemi, et le duc d'York peut se retirer au nord de la Scarpe. Il va retrouver Turenne à Sainte-Catherine.

Du côté de La Ferté également, les choses ont pris une allure moins avantageuse. Une partie de nos bataillons s'est avancée jusqu'au second fossé, mais ils demeurent immobiles, sans oser le franchir. Enfin, la gauche de Turenne ayant pénétré dans les lignes, les bataillons de droite de La Ferté y entrent par le même point. Le jour est venu. Le maréchal se met à la tête de dix à douze escadrons, tant de son corps que de celui de Turenne, puis il se dirige, par l'intérieur du camp, vers le quartier de Fuensaldaña. L'un de ses bataillons suit fort en désordre, en longeant les retranchements.

Cependant, des renforts arrivent aux Espagnols des parties du camp situées au sud de la rivière. Condé a passé la soirée à la tranchée. Vers minuit, il rentre à son logis et met pied à terre, quand le baron de L'Aubespine, envoyé par Fuensaldaña, l'informe que les troupes de Turenne et de La Ferté, ayant quitté leur camp à la tombée de la nuit, contournent les lignes par le

---

[1] Duc d'York, *Mémoires*. Il s'agit évidemment d'un surnom, d'un nom de guerre, comme il en était beaucoup alors.

nord. Il faut s'attendre à une attaque prochaine contre les quartiers espagnols. Le baron est passé par le camp du duc de Lorraine pour donner au comte de Ligniville l'ordre d'observer les troupes de d'Hocquincourt. Si elles font un mouvement, il aura à se mouvoir parallèlement à elles, sans sortir des lignes, au secours des troupes établies au nord de la Scarpe. Ligniville n'en doit rien faire, comme nous l'avons vu. Quant à Condé, il prescrit aussitôt aux six escadrons de piquet, commandés chaque nuit dans ses troupes, de se diriger sur le point menacé. Lui-même, remontant à cheval, fait prendre les armes au reste de son corps.

Peu à près retentissent les coups de canon[1]. Condé court au point d'où ils sont partis, quand il est rejoint par l'un des gentilshommes de l'Archiduc, le marquis de Treslon. Son Altesse prie Condé de se rendre au plus vite au quartier général de La Cour-aux-Bois. L'obscurité est profonde, le chemin embarrassé : il ne faut guère moins d'une heure pour franchir ce court espace. Léopold attend avec anxiété : « Les lignes sont forcées, s'écrie-t-il ; le quartier de Solis est envahi. *Che bisogno fare ?* » — Condé ne sachant pas l'allemand et l'Archiduc parlant mal le français, ils s'entretenaient en italien dès qu'ils étaient un tant soit peu émus ou pressés : — « *Che bisogno fare ? Rompere la testa a gli nemici, ossia la romperanno lora à noi.* Casser la tête aux ennemis, sans quoi ils nous la casseront. Je n'ai que quatre gentilshommes avec moi ; mais voulez-vous donner à vos troupes l'ordre de m'obéir ? Je ferai ce que je pourrai[2] ».

L'ordre est donné aussitôt ; Condé repart avec les gardes de l'Archiduc. En chemin il rencontre le prince de Ligne, le duc de Wurtemberg qui, comme lui, marchent au feu. Il rallie quelques régiments, ses escadrons de piquet qui s'étaient égarés. Le tout représente à peu près 1200 chevaux. Mais, à ce moment,

---

[1] Duc d'AUMALE, ouvrage cité. D'après les *Mémoires de Turenne* et du duc d'York, au contraire, Condé n'aurait appris ce qui se passait qu'à cinq heures du matin. Jusqu'alors, le vent qui soufflait du sud et la sortie tentée par la garnison vers les quartiers de Condé, l'avaient empêché de s'en apercevoir.

[2] Duc d'AUMALE, ouvrage cité. Le prince, ayant eu à sa disposition des documents positifs en ce qui concerne le rôle de Condé, nous nous en sommes naturellement tenu à sa version, bien qu'elle diffère sur plusieurs points de récits du temps, tel que celui du duc d'York.

Condé sent la terre trembler, avec un bruit familier à ses oreilles :
c'est la cavalerie de Solis, environ 1500 chevaux, qui accourt
au grand trot, déjà en retraite. « Halte ! crie Condé au prince de
Ligne ; rassemblez votre troupe, ou elle va vous échapper au
contact de ces fuyards. » Puis il s'avance seul, l'épée à la main.
Le jour commence à poindre. Il reconnaît « un homme de qua-
lité » qui commande cette cavalerie : « Mais, vous vous trompez ;
l'ennemi n'est pas où vous allez ; il est derrière vous. — Tout est
perdu ! » répond le commandant en saluant de l'épée et conti-
nuant sa course[1].

Le passage rapide de cette masse de chevaux a déblayé les
ponts de la Scarpe, où affluaient déjà les fuyards, les voitures.
Condé en profite pour faire passer la rivière à ses escadrons. Il
a maintenant 1500 chevaux environ. La Scarpe franchie, sa
cavalerie reformée, il aperçoit aux premières lueurs de l'aube
une forte colonne. C'est le « secours » que Turenne dirige sur la
place, après avoir forcé les lignes. Condé charge aussitôt, cul-
bute fantassins et cavaliers, les poursuit et s'arrête seulement
devant les bataillons de La Ferté qui viennent de s'établir, le
dos aux retranchements.

Derrière eux, des travailleurs rasent les lignes, ouvrant des
passages aux escadrons de chevau-légers qui se rangent successivement sur le prolongement de l'infanterie. M. de La Ferté est
là en personne. Il n'attendra pas que ses 4000 chevaux soient
réunis pour attaquer les escadrons de Condé. Celui-ci s'en rend
compte, car il connaît son adversaire ; il l'a vu tel qu'il est,
brave, mais orgueilleux et sans jugement, sur la bruyère de
Rocroi[2].

Entre Sainte-Catherine et Roclincourt se creuse un ravin assez
profond. La Ferté doit le franchir pour attaquer Condé. C'est là
que celui-ci l'attend. Au premier moment de désordre, il fond
sur lui et, malgré l'infériorité du nombre, l'aborde si rudement
que la cavalerie de La Ferté est refoulée au delà du ravin, en
complet désarroi.

---

[1] Dans le récit du prince de Condé, reproduit par le duc d'Aumale, le nom
de ce commandant n'est pas cité : « Cet homme avait donné en plusieurs occa-
sions des marques de courage », et Condé ne voulait pas le déshonorer pour
une heure de faiblesse.

[2] Duc d'AUMALE, ouvrage cité ; *Mémoires de Turenne.*

Cet échec peut avoir les plus graves conséquences. L'armée royale, surprise dans son triomphe et déjà dispersée plus qu'il ne conviendrait, peut être entièrement battue. En ce cas, ses débris n'auraient d'autre ressource que de s'enfermer dans Arras, au risque de hâter la reddition de la place qu'elle a cru un instant sauver.

Mais Condé n'est pas soutenu par son infanterie, encore trop loin de lui. De son côté, Turenne rassemble tout ce qu'il peut mettre en face du vainqueur de Rocroi. Il n'a d'abord sous la main que deux escadrons et quelques bataillons [1]; aussi fait-il former son infanterie sur trois rangs au lieu de six, et sa cavalerie sur un au lieu de deux, afin de montrer un plus grand front [2]. Quelques pièces de canon, qui viennent de franchir les lignes, arrivent fort à propos et sont mises en batterie au moulin de Sainte-Catherine.

D'autres renforts arrivent ensuite : le gouverneur d'Arras, Montdejeu, a réuni tout ce qui lui reste de cavalerie. Il se précipite sur les Alliés par la porte Méaulens, qui donne sur la Scarpe. Il traverse aisément une partie du camp espagnol et vient rejoindre Turenne [3]. De son côté, le duc d'York, revenu du quartier des Lorrains, vient se placer à la gauche des troupes du maréchal [4].

Malgré l'arrivée de ces renforts, Turenne reste immobile en face de Condé, que le ravin continue à séparer de lui. Le duc d'York ne peut cacher la surprise que lui cause cette inaction : « M. de La Ferté est hors d'affaire, réplique Turenne ; notre succès est assuré ; faut-il, par gloriole, donner prise à celui qui est là ? » A la vigueur du coup porté, il a reconnu la manière de Condé et deviné sa présence.

De son côté, Condé se voit abandonné de ses alliés, déjà complètement en retraite. Il juge imprudent de pousser plus loin un avantage inespéré et se tient pour satisfait d'avoir ralenti les progrès de l'armée royale, en sauvant le gros des troupes espagnoles. L'archiduc est survenu au moment où se termine son

---

[1] *Mémoires de Turenne.*
[2] *Mémoires de Puységur.*
[3] *Vie de Schulemberg,* précédemment citée.
[4] Duc d'York, *Mémoires.*

brillant engagement contre la cavalerie de La Ferté. « *Va bene !
va bene !* s'écrie-t-il. — *No, va male ! va male !* » riposte le
prince. Puis, il engage Léopold à profiter de cette accalmie pour
rassembler ce qui reste de son armée et se retirer sur Douai.

Déjà les pillards ont passé la Scarpe ; les ponts de bateaux
sont rompus, les passages obstrués. Cependant l'Archiduc peut
sortir des lignes avec ses gardes, les généraux et presque toute
l'infanterie espagnole. Sa retraite sur Douai s'accomplit ensuite
sans obstacle.

Quant à Condé, il est resté en bataille avec sa cavalerie, celle
du prince de Ligne et du duc de Wurtemberg. Une fois l'Archiduc
et son infanterie dégagés, il laisse quatre escadrons au passage
de la Scarpe, sous les ordres du comte de Briole, puis il ramène
vivement le reste jusqu'à son quartier, au sud d'Arras. Tout y
est en bon ordre : Marchin a maintenu chacun dans le devoir,
écartant les coureurs ennemis, les soldats débandés. Les tranchées sont proches, en face de la porte Ronville : Condé y court,
les trouve pleines de monde, fait sortir ceux qui y sont entrés la
veille et qu'on a oublié de relever, les réunit à son infanterie et
les fait tous défiler devant lui. On pourrait se croire à la parade.
Puis, comme le passage de la Scarpe et la route de Douai sont
interceptés, il dirige la retraite sur Cambrai, prescrivant de ne
pas rompre les rangs et de « marcher en gens de guerre [1]. »

Un court engagement a lieu près de Neuville-Vitasse, contre la
cavalerie de M. de Tracy, qui devait opérer une diversion au sud
d'Arras ; puis Condé continue sa retraite : « Après avoir fait marcher devant moi, jusqu'au dernier fantassin et goujat, je pris le
parti de me retirer au petit pas, en tenant les plaines à côté du
grand chemin de Cambrai, n'étant suivi ni harcelé de personne. »

Dans l'après-midi, comme il cherche un passage à travers les
marais et les boqueteaux qui bordent l'Agache, entre Marquien et
Arleux, il découvre un gros de cavalerie qui semble embusqué.
Un moment l'inquiétude est vive ; faudra-t-il se frayer passage
avec des hommes et des chevaux épuisés ? Mais on reconnaît
alors les Lorrains, et la joie de retrouver une grande partie de

---

[1] Duc d'AUMALE, ouvrage cité, d'après un récit fait par Condé au baron de
Worden (mss de la bibliothèque de Cambrai).

l'armée fait oublier son inaction de la nuit et la précipitation de sa retraite [1].

A quatre heures du soir, Condé arrive sous les murs de Cambrai. Il refuse d'y entrer et couche dans un carrosse, pour ne point quitter ses troupes. Le lendemain, 26, il fait sa jonction à Bouchain avec les troupes de l'Archiduc. « Il eut, dit un témoin oculaire, la honte de s'entendre acclamer comme un sauveur par tous les officiers et soldats espagnols [2]. »

Pendant le début de cette belle retraite, la cavalerie de Turenne avait vigoureusement poussé les escadrons de Briole, qui était blessé et pris. Mais la soif du pillage avait déjà mis les troupes du Roi dans un trop grand désordre pour qu'elles pussent continuer la poursuite au sud de la Scarpe.

Le maréchal d'Hocquincourt, dont l'arrivée avait, si à propos, dégagé le duc d'York, ne rencontrait pas les mêmes difficultés que Turenne et La Ferté. Après avoir passé la Scarpe, il inondait le camp des Lorrains d'une partie de sa cavalerie. Le reste traversait la ville, pour se diriger, par les portes Baudimont et Ronville, vers le camp de l'Archiduc [3]. Il ne trouva de résistance sérieuse qu'au passage du Crinchon, où quelques-uns des escadrons de Condé combattirent vaillamment avant de se mettre en retraite.

Les trois fausses attaques eurent des résultats bien différents : celles du sieur de Saint-Jean et de M. de La Guillotière, détournèrent utilement l'attention de l'ennemi. Au contraire, M. de Tracy, qui avait ordre de se jeter sur le quartier de Condé une demi-heure après le début de l'attaque, se dissimula dans un pli de terrain entre Beaurains et Neuville-Vitasse. Mais, le vent, qui soufflait du sud, l'empêcha d'entendre le bruit de la bataille, d'ailleurs couvert par celui de la sortie dont nous avons parlé. Il ne fut averti de ce qui se passait que par la vue des fuyards alliés : il jeta alors son infanterie sous le château de Neuville-Vitasse et tenta de faire des prisonniers avec ses trois escadrons. C'est alors que se produisit sa rencontre avec la cavalerie de Condé, dans laquelle il fut battu, non sans pertes [4].

---

[1] Duc d'AUMALE, ouvrage cité.

[2] *Papiers de Lenet*, Bibliothèque nationale, cités par le duc d'Aumale, *op. cit.* t. VI p. 412.

[3] P. IGNACE, *Additions*, t. II.

[4] *Id. in ibid.*

L'armée alliée n'en avait pas moins été dispersée presque tout entière. A part le corps de Condé, sa désorganisation était complète. Une grande partie des fuyards, et Condé lui-même, passèrent à la vue des bagages de l'armée des maréchaux, près de Monchy-le-Preux. Le camp était abandonné à la garde des malades. Pourtant, les Alliés n'osèrent s'y arrêter, tant leur découragement était entier. Condé, seul, avait empêché l'armée espagnole d'être anéantie. Ce n'est donc pas sans raison, ainsi que l'écrit le duc d'Aumale, que la « Retraite d'Arras » figure au premier plan sur les banderoles brisées, dans l'allégorique tableau du *Repentir*, de Chantilly[1].

Pendant la dernière année de sa vie, en 1685, Condé reçut à Chantilly la visite d'un Hollandais, le baron de Worden, vieux serviteur de l'Espagne, diplomate et soldat. Worden lui présenta les *Mémoires* de Fuensaldaña, dont il avait été le disciple et le compagnon fidèle. Condé lut le manuscrit, puis rappela Worden et, confirmant l'exactitude générale des récits du général espagnol, tint à les rectifier, à les préciser en certains points. Le prince était malade, cloué par la goutte sur un siège. Cependant, de sept heures à minuit, il parla, contant avec une vivacité singulière tout ce qu'il avait fait dans la nuit du 24 août 1654 et durant la journée suivante : « La retraite d'Arras est ma plus plus belle action, répétait-il en agitant ses mains déformées ; je tiens à ce qu'elle soit exactement connue et à ce qu'elle ne passe pas défigurée à la postérité[2] ». Le roi d'Espagne sut apprécier la valeur du service que lui avait rendu son allié ; il lui écrivit : « Mi primo, he intendido todo estava perdido ; V. A. ha conservado todo[3] ».

---

[1] Duc d'AUMALE, ouvrage cité, t. VI, p. 413.

[2] *Mémoires* du baron de WORDEN (mss de la bibliothèque de Cambrai) mentionnés par M. le duc d'Aumale, ouvrage cité, t. VI, p. 413.

[3] « Mon cousin, j'ai appris que tout était perdu ; Votre Altesse a tout sauvé ». (*Histoire de Condé*, par DÉSORMEAUX.)

Bien que, en ce qui concerne le rôle de Condé, nous ayons suivi, dans ses grandes lignes, le récit de M. le duc d'Aumale, nous devons ajouter qu'il ne paraît pas toujours être rigoureusement conforme à la réalité. En thèse générale, la défaite de l'armée d'Espagne semble avoir été plus complète et la retraite de Condé moins brillante que ne le laissent supposer les *Mémoires* de Worden et les autres sources consultées par M. le duc d'Aumale. Ainsi le prince ne fait pas mention de l'échec subi par le comte de Briole au passage de la Scarpe, au moment où il couvrait la retraite de Condé. De même, ce dernier

Pendant que l'armée espagnole se retirait ainsi sur Douai et Cambrai, le désordre où étaient tombées les troupes royales les empêchait de tenter une poursuite. Ainsi que la garnison, elles s'étaient précipitées à l'envi sur le camp allié. Ni ordres ni menaces ne parvinrent à les détourner du pillage. Il fallut renoncer à les rallier de tout le jour.

Turenne achetait sa victoire par des sacrifices à peine sensibles : 300 ou 400 hommes et quelques officiers tués ou blessés. Ceux des Alliés étaient beaucoup plus considérables : 2,000 à 3,000 hommes tués, blessés ou pris, 63 pièces de canon (toute leur artillerie), 8,000 à 9,000 chevaux, 2,000 chariots, une énorme quantité de tentes, de matériel, de bagages [1].

Cette grande victoire, si aisément remportée, était un digne couronnement du siège d'Arras. Grâce à l'énergie, à l'activité sans pareilles de Montdejeu, la résistance de la place et les opérations qu'elle avait seule rendues possibles coûtaient aux Alliés près de 9,000 hommes [2]. Les pertes de la garnison atteignaient, il est vrai, le chiffre relativement très considérable de 2,000 hommes environ.

L'importance des résultats moraux de cette campagne dépassait encore celle des pertes matérielles infligées au roi d'Espagne. Ses troupes étaient, pour longtemps, hors d'état de nuire. D'une entreprise longuement préparée, commencée avec tant de fracas, dont on espérait de si grands résultats, il résultait un accroissement de prestige pour les armées françaises, un amoindrissement de la puissance espagnole.

---

eut à repousser en marchant sur Cambrai, non pas Montdejeu avec 2,000 chevaux, mais les trois escadrons de M. de Tracy. Ni le Père Ignace, dans son volumineux manuscrit, ni l'auteur anonyme de la *Vie de Schulemberg*, également manuscrite, qui entrent, au sujet de Montdejeu, dans les plus grands détails, ne font mention d'un engagement entre lui et Condé au sud de la Scarpe. Nous savons, au contraire, par la *Vie de Schulemberg*, que Montdejeu sortit d'Arras par la porte Méaulens et alla rejoindre Turenne au nord de cette rivière, vers Sainte-Catherine.

[1] *Mémoires de Turenne*. Dans une dépêche datée du 27 août à Valenciennes (Condé au duc de Noirmoutier, Bibliothèque nationale, reproduite par le duc d'Aumale, t. VI, p. 734), Condé évaluait la perte des Alliés à 300 hommes ; les rapports français disent 3,000 avec plus d'apparence de vérité, car les Lorrains, à eux seuls, perdirent 1,000 fantassins oubliés dans une redoute (duc d'AUMALE, ouvrage cité).

[2] L'auteur de la *Vie de Schulemberg* dit 12,000 hommes, mais ce nombre paraît être exagéré d'un quart au moins.

La victoire d'Arras décida Cromwell à garder la neutralité entre la France et l'Espagne. Il n'attendait que la prise de cette ville pour se déclarer contre nous [1]. Quelques années plus tard, il entrerait lui-même dans la lutte et ses troupes aideraient les nôtres à reprendre Dunkerque.

Par contre, la bataille du 24 au 25 août ouvrit les yeux au roi d'Espagne ; il reconnut la supériorité de Condé et les vices du commandement dans l'armée que l'entrain et l'énergie de son allié avaient, seuls, sauvée. Jusqu'à la fin de la campagne, il lui laissa la direction des opérations en Flandre et dans les pays voisins [2].

La meilleure part de ce grand succès revenait à Turenne : elle était due à cet ensemble de mouvements, à la fois si prudents et si audacieux, qui avaient conduit le maréchal à assiéger, avec une armée d'abord très inférieure en nombre, un adversaire solidement retranché et qui, par la valeur intrinsèque de ses troupes, était digne en tout point d'entrer en lutte contre lui. Pour ces différentes raisons, la marche de Péronne à Monchy-le-Preux, le choix de cette position comme centre d'observation des lignes, le mouvement sur Saint-Pol, enfin la reconnaissance des lignes espagnoles restent dignes d'être médités par tous ceux qui ont le souci des hauts problèmes de la conduite des armées.

En ce qui concerne l'acte final de ces opérations, la bataille d'Arras, le succès obtenu par Turenne tient avant tout au choix habile du point d'attaque et à l'heure fixée pour le début de l'action. Si l'armée française s'était bornée à donner assaut en plein jour aux quartiers de l'Archiduc et de Condé, directement en face d'elle et où la surveillance était assurée avec plus de soin que du côté des Espagnols, les résultats auraient pu être tout autres. Aussi, Turenne n'hésita-t-il pas à passer la Scarpe, à abandonner sa principale ligne de communications, pour atta-

---

[1] CHÉRUEL, ouvrage cité. Nous avons cité précédemment plusieurs faits à l'appui. Voir également une lettre du président de Bordeaux, résident de France à Londres, à Servien, 25 juillet 1654, et une lettre de Gui Patin, 15 septembre 1654, citées par CHÉRUEL, *op. cit.*, t. II, p. 379. Le traité de Westminster, qui fut un acheminement vers l'alliance anglaise, fut signé le 3 novembre 1655.

[2] Ce fait est contredit par le duc d'Aumale, bien qu'il nous semble résulter des événements qui s'y rapportent.

quer les lignes par le nord. Napoléon dit à ce sujet, dans son *Précis* des campagnes de Turenne : « N'attaquez pas de front les positions que vous pouvez obtenir en les tournant ; ne faites pas ce que veut l'ennemi, par la seule raison qu'il le désire ; évitez le champ de bataille qu'il a reconnu et encore plus celui où il s'est fortifié ».

Napoléon ajoute encore : « Les lignes de circonvallation sont un moyen supplémentaire de force et de protection qui n'est point à dédaigner. » Depuis l'époque de l'Empereur et surtout depuis celle de Turenne, les progrès de l'armement ont entièrement modifié les principes qui présidaient à la construction d'une ligne d'investissement. Mais qu'il s'agisse d'un retranchement continu ou plutôt d'ouvrages à intervalles, changeant de nature suivant les formes du terrain, une armée chargée d'investir une grande place aura toujours à se couvrir, en organisant des positions défensives, contre l'agresseur possible du dehors ou du dedans.

Devant Arras, la présence des lignes concourut, il est vrai, à empêcher les Alliés de quitter leur camp pour attaquer Turenne dès son arrivée à Monchy, solution préférable de beaucoup à celle qui fut prise. Mais le véritable motif de leur abstention fut plutôt la crainte de voir la garnison enlever les travaux déjà faits contre la place. En voulant éviter ce danger, les généraux du roi d'Espagne s'exposaient bénévolement à des risques beaucoup plus graves. Rien n'eût dû les empêcher d'attaquer Turenne, dès le milieu de juillet, alors qu'il n'avait pas encore reçu les renforts attendus par lui. L'armée espagnole était numériquement assez forte pour maintenir l'investissement, au moins partiel, tout en marchant contre l'armée des maréchaux.

Il faut ajouter que les lignes d'Arras permirent seules aux Alliés de continuer le siège, en face d'un adversaire entreprenant et d'une garnison énergique.

La maxime favorite de Turenne, si nouvelle au milieu du xviie siècle : *Peu de sièges et beaucoup de combats*, trouvait son éclatante confirmation dans les résultats de la bataille d'Arras. Les campagnes qui allaient suivre devaient toujours mettre cet axiome sous un jour plus éclatant.

Une autre conclusion à tirer de cette étude, et non la moins importante, c'est l'extrême difficulté des attaques de nuit, mais aussi l'immensité de leurs résultats quand elles réussissent. On a vu combien, à plusieurs reprises, la situation de l'armée royale fut compromise pendant la bataille d'Arras. Le retard de d'Hocquincourt, dû sans doute à des dispositions défectueuses ou insuffisantes, le premier échec de La Ferté, la contre-attaque de Condé, tous ces incidents pouvaient être l'origine d'un désastre.

Si, dans les conditions où fut livrée l'action, un Condé eût commandé la partie des lignes attaquées par Turenne, l'issue eût été fort douteuse [1]. Il convient d'ajouter que Turenne ne se fût pas aventuré à attaquer Condé de la sorte. Les dispositions à prendre dépendent avant tout de l'adversaire à combattre. Tel mouvement, rationnel en face de M. de Solis, eût été des plus imprudents devant Condé.

Telle qu'elle fut exécutée, l'attaque des lignes d'Arras, exécutée sans grand ensemble, du moins par La Ferté et d'Hocquincourt, avec des troupes peu disciplinées, faiblement organisées, en général mal conduites, cette attaque donna en quelques instants de magnifiques résultats : l'ennemi, complètement dispersé, ne sauva rien d'un immense matériel. Son désastre aurait été plus entier encore, si, au lieu de bandes vaillantes, mais dominées par la la soif du pillage, l'armée royale n'eût compté que de bonnes troupes.

On voit, en résumé, que, par ses opérations antérieures, par le choix du point d'attaque, par les dispositions prises en vue du déploiement de l'armée, par la détermination de l'heure, Turenne avait mis de son côté, dès le début de l'action, tout ce que les prévisions humaines admettent de chances de succès. Si, malgré tout, la fortune parut un instant chancelante, cela tient à la part d'imprévu, d'accidentel, qui entre dans toute action de guerre, et qu'il n'est pas dans le pouvoir d'un homme, si grand qu'il soit, d'écarter.

---

[1] Napoléon, *Précis* cité.

CHAPITRE V.

FIN DE LA CAMPAGNE.

Visite du roi à Arras. — Marche de Turenne sur Le Quesnoy. — Prise du Quesnoy. — Prise de Binch. — Condé après la bataille d'Arras. — Retraite de Turenne. — Règles de marche établies par Turenne. — L'armée entre en quartiers d'hiver. — Résultats de la campagne.

Peu après la bataille, Louis XIV, la reine-mère et le cardinal quittèrent Péronne et vinrent, avec toute la cour, passer quelques heures à Arras. Turenne et Montdejeu les reçurent un peu au nord de Bapaume et obtinrent les marques de la plus vive satisfaction, tant de la part du jeune roi que de son entourage. Louis XIV promit même au gouverneur d'Arras le bâton de maréchal qu'il devait obtenir seulement quatre ans après. Ajoutons, pour en finir avec cet homme illustre, que les souvenirs du siège d'Arras ne l'empêchèrent pas, un peu plus tard, d'être la victime de toutes sortes de dénonciations [1]. On l'accusait de concussions, ce qui n'était que trop vrai ; mais les mœurs du temps autorisaient si bien ces pratiques qu'il y a lieu de chercher une autre cause à la disgrâce qui le menaça un instant. Le cardinal eût désiré pour lui-même l'opulent gouvernement d'Arras; il fut question au Conseil du roi de mettre Montdejeu en jugement et même de lui trancher la tête. Heureusement, il trouva des défenseurs plus éloquents que ses services passés, si grands qu'ils fussent. On lui conserva provisoirement son poste. En 1664 seulement, il fut déplacé pour être nommé gouverneur du Berry ; il mourut comme tel en 1671.

Pendant son séjour à Arras, Louis XIV se fit montrer dans les plus grands détails les travaux de l'ennemi; il donna même à l'un de ses ingénieurs, M. de Beaulieu, l'ordre de dresser le plan complet du siège et de l'investissement [2]. Puis il repartit d'Arras

---

[1] Montdejeu avait de fréquents démêlés avec les habitants d'Arras, Il vivait mal avec sa femme, Madeleine du Roure. Celle-ci s'étant enfuie, pour se mettre sous la protection du Parlement, Montdejeu la fit saisir *manu militari* et ramener au domicile conjugal sous bonne escorte.

[2] Les plans dont les reproductions sont jointes à ce travail.

sous l'escorte du duc d'York, avec 2,000 chevaux, et se dirigea sur Paris par Péronne et Bapaume. Grâce à une attention du cardinal, qui montre combien il tenait à laisser ses coudées franches à Turenne, La Ferté et d'Hocquincourt quittèrent l'armée avec la cour, confiant à leur collègue la presque totalité de leurs troupes.

Tandis que Montdejeu s'employait activement à faire combler les tranchées espagnoles et à remettre en état les fortifications qu'il avait si bien défendues, l'armée française se mettait en mouvement vers l'Escaut. Le 31 août, elle venait s'établir à Sauchy-Cauchy, dans une forte position, à mi-chemin de Douai et de Cambrai.

Le 3 septembre, elle reprenait sa marche jusqu'à Thun-Saint-Martin, où elle passait l'Escaut au moyen du matériel emporté à la suite de l'armée. Le lendemain, elle allait à Saulzoir [1], entre Cambrai et Valenciennes, et, le surlendemain, à Quérenaing [2], entre Solesmes et Valenciennes. L'étendue des marches journalières d'une armée était alors peu considérable, car la masse d'*impedimenta* qu'elle traînait derrière elle paralysait tous ses mouvements. Cette circonstance explique assez que les troupes royales aient mis quatre jours de marche, outre deux journées de repos, pour franchir les soixante kilomètres environ qui séparent Arras du dernier point cité.

A Quérenaing, Turenne apprit que Le Quesnoy, à quelques kilomètres de lui, était hors d'état de se défendre. Ses dehors avaient été rasés par les Espagnols, peut-être dans le but d'en préparer l'abandon ; sa garnison était insuffisante. Turenne se porta devant cette petite place qu'il prit le lendemain de son arrivée, le 7 septembre, Condé étant encore à Valenciennes avec les Lorrains et une partie de sa cavalerie. Une démonstration sur Condé était restée sans résultat [3].

---

[1] Neuf kilomètres au nord de Solesmes. Le duc d'York écrit à tort Saulfoi ; il altère de même la plupart des noms cités dans cette partie de ses Mémoires.

[2] Huit kilomètres au sud de Valenciennes. Le duc d'York écrit *Kiévrain*, mais aucune localité de ce nom n'existe aux environs.

[3] « J'avois envoyé cinq cents chevaux sur Condé ; ils ont trouvé des troupes derrière la rivière ; et je n'ai pas voulu employer trois ou quatre jours qu'il me falloit pour passer la rivière et prendre la place, parce que, après cela, n'ayant nulle communication avec la frontière, il me falloit revenir pour avoir un convoi. » (Turenne à Mazarin, 6 septembre 1654, Archives de Condé, duc d'AUMALE, *op. cit.*, p. 734.)

Quoiqu'il fût tout à fait en flèche dans le territoire ennemi, Le Quesnoy avait son importance. Sa possession devait permettre de couper aisément les communications entre les garnisons espagnoles de Douai et de Cambrai. En outre, cette petite place constituait une base pour des opérations éventuelles dans le Hainaut. Turenne s'employa donc activement à la remettre en état de défense et à y réunir des vivres ou des munitions. Pendant cette opération, il se porta lui-même, avec le gros de ses troupes, à Bavay, bourg situé entre Valenciennes et Maubeuge, et qui a eu jadis une importance stratégique considérable. C'est le point d'origine de plusieurs voies romaines, dites aujourd'hui chaussées Brunehaut, qui rayonnaient jusqu'à Reims, Saint-Quentin ou Amiens.

De Bavay, une pointe hardie porta Turenne, le 11 septembre, devant Binch, vieille place située à mi-distance entre Mons et Charleroi, en plein Hainaut. Elle n'avait pour garnison que ses bourgeois et capitula aussitôt. Turenne demeura jusqu'au 22 septembre autour de cette petite ville, qu'il fit démanteler.

Il avait l'intention, ainsi que le dit le duc d'York, de « manger le pays », c'est-à-dire de le ruiner. Les troupes du Roi Très-Chrétien poussaient parfois les choses un peu loin, témoin le monastère et le village d'Hâpres, près du Quesnoy, pillés sans combat, le 25 septembre [1].

Condé et les autres généraux du roi d'Espagne avaient passé la fin d'août et le commencement de septembre à remettre leurs troupes en ordre. Elles s'étaient ralliées dans la vallée de l'Escaut, de Bouchain à Valenciennes et à Condé. Les Croates continuaient à courir les environs de Douai et de Cambrai, non sans nous faire des prisonniers.

La marche de Turenne sur Le Quesnoy fit craindre aux Espagnols un mouvement plus étendu vers le Hainaut. Ils se portèrent sur Saint-Ghislain et Mons, où Condé réunit tout ce qui était susceptible de tenir la campagne parmi ses troupes, celles de Lorraine, alors commandées par le baron du Châtelet, celles tirées des garnisons de la Lys, sous les ordres du comte de Drouay, ou même les milices du pays.

Cette concentration ne permettait guère à l'armée du Roi de

---

[1] P. Ignace, t. VIII.

tenter un mouvement vers le Brabant ; elle n'avait pas les forces nécessaires, surtout en raison de la nécessité de garder et de fortifier Le Quesnoy. Turenne donna donc l'ordre de la retraite, mais au lieu de se diriger sur Bavay, il marcha vers Maubeuge, où le pays était plus découvert, de manière à être mieux garanti des surprises de Condé, devant lequel il était « dangereux de faire un faux pas[1]. »

Le 22 septembre, à la pointe du jour, les bagages de l'armée quittaient Binch, sous l'escorte de sept ou huit escadrons. Turenne suivit avec le reste de ses troupes. L'étape, assez longue, de Binch à Maubeuge, se termina fort tard ; l'armée n'arriva que la nuit venue, entre la ville et les bois, au nord-ouest. L'obscurité, la multitude des voitures qui suivaient les troupes amenèrent un grand désordre. Aucun corps ne put reconnaître l'emplacement qui lui était assigné pour camper. Turenne en fut réduit à placer lui-même deux ou trois bataillons au milieu des bagages, du côté où l'ennemi pouvait survenir. Il demeura toute la nuit sur pied avec eux[2].

Les Espagnols ne cherchèrent pas à tirer parti de cet incident caractéristique. Ils se contentèrent de venir s'établir sur l'Escaut, de Valenciennes à Bouchain (26 septembre), en faisant suivre les troupes royales par leurs troupes légères et surtout par leurs Croates.

Le 23 septembre, Turenne arrivait à Bavay qu'il faisait démanteler ; le lendemain, il se portait à Baudignies, auprès du Quesnoy, où il demeurait jusqu'au 28.

La bonne exécution des marches préoccupait vivement le maréchal, et il établit pendant cette expédition des règles qui le démontrent nettement. Les lieutenants généraux attachés à l'armée n'avaient pas de commandement fixe ; ils étaient, en quelque sorte, adjoints au général en chef, auquel ils servaient d'*ad latus*, suivant l'expression autrichienne. Turenne régla leur service de la manière suivante : le lieutenant général de jour commandait la cavalerie de l'avant-garde ; le lendemain, il avait le commandement de l'infanterie, et le surlendemain celui de la cavalerie de l'arrière-garde. La grosse artillerie marchait avec les bagages,

---

[1] Duc d'YORK, *Mémoires.*
[2] *Ibid.*

et les pièces de faible calibre avec l'avant-garde ou l'arrière-garde.

En atteignant un défilé, l'arrière-garde faisait demi-tour et s'arrêtait, tandis que l'avant-garde passait et s'établissait au delà, laissant derrière elle un espace suffisant pour que toutes les troupes pussent se ranger en bataille. Au corps principal, on devait s'attacher à franchir rapidement l'obstacle. Chacun avait à chercher des passages à droite et à gauche, de façon à accélérer le débouché[1].

Un autre ordre de marche, que nous a conservé le duc d'York, indique assez l'importance que Turenne attachait à réduire la longueur des colonnes, une tendance que l'on serait volontiers disposé à croire toute moderne. L'armée marchait divisée en neuf colonnes disposées de la façon suivante, de la droite à la gauche :

1re colonne : première ligne de l'aile d'avant-garde (cavalerie) ;

2e colonne : demi-première ligne, infanterie ;

3e colonne : deuxième ligne de l'aile d'avant-garde (cavalerie) ;

4e colonne : demi-première ligne, infanterie ;

5e colonne : première ligne de l'aile d'arrière-garde (cavalerie) ;

6e colonne : demi-deuxième ligne, infanterie ;

7e colonne : deuxième ligne de l'aile d'arrière-garde (cavalerie) ;

8e colonne : demi-deuxième ligne, infanterie.

9e colonne : réserve de cavalerie.

Elle présentait ainsi un front de quatre bataillons et de cinq escadrons, dans lequel les deux armes alternaient suivant les idées de l'époque[2].

Le duc d'York raconte que Condé suivit avec 40 escadrons l'armée ainsi disposée jusque vers Maubeuge, mais qu'il n'osa

---

[1] Duc d'York, *Mémoires*; Ramsay, ouvrage cité.

[2] Dans l'ordre normal de combat, la cavalerie était disposée en deux ailes et une réserve. Les deux ailes de cavalerie, de même que l'infanterie placée au centre, se formaient sur deux lignes.

point l'attaquer en présence de l'ordre qui y régnait. Nous avons vu que cette régularité ne s'étendit pas à l'installation au bivouac, qui fut des plus laborieuses.

Le 28 septembre, Turenne, qui avait terminé, non sans fatigues ni privations pour ses troupes, la mise en état de défense du Quesnoy, se dirigeait sur Le Câteau-Cambrésis, en laissant une garnison de 4,000 hommes[1] dans la place qu'il avait conquise. Il demeurait quelque temps au Câteau, faisant de petites opérations dans le voisinage, prenant et démantelant des châteaux ou des postes tels que ceux d'Auvillers et de Girondelle, vers Rocroi.

Il exécutait surtout des fourrages. L'un de ceux-ci était troublé par des escadrons sortis de Cambrai ; le comte de Revel, qui commandait la cavalerie chargée de le couvrir, était enlevé avec une partie de ses cavaliers. Heureusement, deux régiments, ceux de La Valette et de Grammont, tenaient tête à l'ennemi et le faisaient reculer sans trop de pertes. Dans la suite, Turenne fut obligé d'employer vingt escadrons, deux bataillons et quatre pièces à couvrir un simple fourrage, ce qui ôta aux Alliés toute envie de l'inquiéter.

A la nouvelle de la retraite de Turenne vers Le Câteau-Cambrésis, Condé avait passé l'Escaut et s'était établi, le 1er octobre, aux environs de La Selle, entre Valenciennes et Cambrai, vers Donchy, Noyelles et Neuville. Les deux armées demeurèrent en présence pendant quelques semaines, sans rien tenter de marquant, de part ni d'autre. La situation des Alliés n'était pas favorable. Toutes leurs entreprises avaient échoué ; pour Condé surtout, l'issue de la campagne était des plus fâcheuses, quoique sa réputation militaire en sortît grandie. Il voyait son ennemi le cardinal prendre chaque jour de nouveaux avantages sur lui. Peu à peu, il perdait l'espoir de renouveler les troubles de la Fronde. Beaucoup de ses partisans faisaient leur paix avec Mazarin ; une lettre du célèbre Gui Patin[2] rapporte même que, vers cette époque, plusieurs régiments de cavalerie abandonnèrent Condé pour passer aux troupes du Roi.

---

[1] Lettre de Mazarin aux surintendants, 16 octobre 1654; lettre au même du maréchal de Gramont, 1er novembre 1654 (CHÉRUEL, *op. cit.*, t. II, p. 182 et 183).

[2] Citée par CHÉRUEL, *op. cit.*, t. II, p. 181.

De son côté, Turenne croyait la saison trop avancée et ses ressources trop restreintes pour des entreprises considérables. Le 15 octobre, il se rendit à Guise, où venaient d'arriver Louis XIV et Mazarin. Il y réglait avec eux le projet des opérations pour le reste de la campagne [1]. On allait se borner à un siège, celui de Clermont-en-Argonne. Aux yeux du cardinal, la prise de cette bicoque présenterait un double avantage : celui d'enlever à Condé l'une des villes qu'il avait reçues de Louis XIV, en récompense de ses services passés, et de délivrer d'un gênant voisinage le Bassigny, la Champagne, avec la partie française de la Lorraine. Sans doute, la première de ces considérations pesait encore plus que la seconde sur la décision de Mazarin, fort vindicatif, en bon Italien qu'il était.

Le siège de Clermont fut confié à La Ferté. Il parut devant la place le 25 octobre. Le roi et le cardinal avaient assisté à tous ses préparatifs ; ils ne rentrèrent à Paris que le 24.

Mollement défendu par le comte de Fourille, Clermont ne fit pas grande résistance. Les troupes royales ouvrirent la tranchée le 5 novembre et, dès le 22, la place capitulait.

Cependant l'ennemi avait gardé la défensive dans les Flandres et en Artois. Les garnisons de ses places et les nôtres continuaient leurs incursions en territoire ennemi. Citons à ce sujet un trait caractéristique. Les bourgeois de Valenciennes, fort inquiets de la présence des troupes royales au Quesnoy, avaient offert au gouverneur d'acheter à beaux deniers comptant la sécurité de leurs jardins et de leurs maisons de campagne. Contre les habitudes de ce temps, le gouverneur du Quesnoy refusa, et les gens de Valenciennes durent se résigner à faire raser les abords de leur ville. Un régiment de cavalerie française vint même bousculer leurs travailleurs vers la fin d'octobre [2].

Turenne demeura dans le Cambrésis jusqu'à la Toussaint, après quoi ses troupes gagnèrent leurs quartiers d'hiver. Vers la même date, les Alliés se répartirent dans leurs places des Pays-Bas. Le reste de l'année 1654 allait se passer en escarmouches entre les

---

1 Lettre de Mazarin aux surintendants, 16 octobre 1654, citée par CHÉRUEL, t. II, p. 182.
2 P. IGNACE, *Additions*, t. II.

garnisons espagnoles et les nôtres. La plus importante fut une attaque par surprise, dirigée contre la garnison de Lens par le comte de Broglie, gouverneur de La Bassée. Il fut repoussé (nuit du 31 décembre au 1er janvier 1655).

L'année 1654 se terminait donc par un échec pour les Français. Toutefois, l'ensemble de la campagne leur avait été très favorable, aussi bien sur le Rhin qu'en Flandre, en Artois et en Lorraine. Ils avaient conservé Arras et enlevé Le Quesnoy, Stenay, Clermont, aux Alliés. Il ne restait plus rien à Condé de son domaine du Clermontois, plus un vestige de ses possessions aux frontières de la Champagne. Turenne avait surtout infligé aux troupes d'Espagne, dans la nuit du 24 août, un échec dont les conséquences étaient considérables.

Si, en Italie et dans le Roussillon, les succès de nos armes avaient été moins éclatants, à l'intérieur du royaume les ennemis du cardinal perdaient courage. On pouvait prévoir le temps où Condé serait forcé de s'incliner devant l'autorité du roi et celle de son puissant ministre. Les derniers restes de l'organisation féodale, jadis si fortement enracinée dans notre pays, allaient disparaître pour jamais. L'Espagne elle-même, lassée d'une guerre si longue et si souvent malheureuse pour elle, laisserait bientôt tomber les armes de ses mains et renoncerait à nous disputer le premier rôle dans les affaires de l'Europe. La campagne de 1654, si habilement conduite, avec si peu de moyens, par Turenne, était un digne prélude de ce traité des Pyrénées qui devait porter si haut le nom et la puissance de la France.

Paris — Imprimerie L. BAUDOIN, 2, rue Christine.

www.ingramcontent.com/pod-product-compliance
Lightning Source LLC
Chambersburg PA
CBHW051620060726

47597CB00004B/1362

pouillé les animaux, les plantes, & juf-
qu'aux infectes pour fe vêtir ; & par une
jufte, mais trifte compenfation, après
avoir orné nos corps de la dépouille des
vers, & en avoir fait un objet de parure,
de luxe, & fouvent d'orgueil, ils leur fer-
vent de pâture après leur mort.

Les peaux, felon l'Écriture-Sainte,
ont été les premiers vêtemens, enfuite
les étoffes de laine & de poils, puis les
toiles ; enfin la foie. Voilà ce qui fert aux
befoins des hommes. Le luxe eft allé plus
loin ; il a fait fervir à leur habillement
ce qui n'en paroiffoit pas fufceptible, les
pierres précieufes, les métaux, &c.

Cet abus eft allé fi loin qu'il a entraîné
la ruine des particuliers. Les petits Etats,
les Républiques, & même les Royaumes
puiffans & riches, ont fait des loix fomp-
tuaires pour en modérer l'excès. Ces
Loix ont ordinairement manqué leur but,
foit qu'elles aient été mal digérées, comme
par exemple en Efpagne où l'on a défendu
de porter l'or & l'argent ; foit que les
hommes s'élèvent naturellement contre
ce qui gêne leur liberté, & mettent un
plus haut prix aux chofes défendues.

www.ingramcontent.com/pod-product-compliance
Lightning Source LLC
LaVergne TN
LVHW010411060726
842526LV00005B/1626

9782016142912